LA HISTORIA DE LAS MISIONES CRISTIANAS

LOS BOSQUEJOS DE LA CLASE "HISTORIA DE LAS MISIONES"

EDICIÓN DEL MAESTRO

Pastor Jeremy Markle

LOS MINISTERIOS DE ANDANDO EN LA PALABRA

Pastor Jeremy Markle

www.walkinginthewordministries.net

LA HISTORIA DE LAS MISIONES CRISTIANAS

EDICIÓN DEL MAESTRO

Preparado para la clase "Historia de las Misiones,"
Colegio Universitario Bautista de Puerto Rico

El texto bíblico ha sido tomado de la versión Reina-Valera.
Texto bíblico: *Reina-Valera*® © 1960 Sociedades Bíblicas en América Latina, 1960.
Renovado © Sociedades Bíblicas Unidas, 1988.
Utilizado con permiso.

REINA-VALERA
1960

Reina-Valera 1960® es una marca registrada
de las Sociedades Bíblicas Unidas,
y se puede usar solamente bajo licencia.

Publicado por Los Ministerios de Andando en la PALABRA
Walking in the WORD Ministries
www.walkinginthewordministries.net

Impreso en los Estados Unidos.

ISBN: 978-1947430143

El siguiente material fue escrito como notas para la clase
"Historia de las Misiones,"
en el Colegio Universitario Bautista de Puerto Rico.
Su propósito es revisar la historia
de aquellos que han dado sus vidas para servir a Dios,
por cumplir la Gran Comisión,
haciendo discípulos de Jesucristo en todo el mundo.

Que Dios lo bendiga grandemente
mientras participa en completar la Gran Comisión.

Pastor Jeremy Markle

Índice

EL LABOR MISIONERO
DE
LOS APÓSTOLES DE JESUCRISTO

Mateo 10:2-4
2 Los nombres de los doce apóstoles son estos:
primero Simón, llamado Pedro,
y Andrés su hermano;
Jacobo hijo de Zebedeo,
y Juan su hermano;
3 Felipe,
Bartolomé,
Tomás,
Mateo el publicano,
Jacobo hijo de Alfeo,
Lebeo, por sobrenombre Tadeo,
4 Simón el cananista,
y Judas Iscariote, el que también le entregó.

Mateo 28:16-20
16 Pero los once discípulos se fueron a Galilea,
al monte donde Jesús les había ordenado.
17 Y cuando le vieron, le adoraron;
pero algunos dudaban.
18 Y Jesús se acercó y les habló diciendo:
Toda potestad me es dada en el cielo y en la tierra.
19 Por tanto, id, y haced discípulos a todas las naciones,
bautizándolos en el nombre del Padre, y del Hijo, y del Espíritu Santo;
20 enseñándoles que guarden todas las cosas que os he mandado;
y he aquí yo estoy con vosotros todos los días, hasta el fin del mundo. Amén.

Hechos 4:33
33 Y con gran poder los apóstoles daban testimonio
de la resurrección del Señor Jesús,
y abundante gracia era sobre todos ellos.

I. **Simón <u>Pedro</u>**
   A. Historia Bíblica
      1. Predicó a hombres de todas las <u>naciones</u> en el día de Pentecostés (Hechos 2:1-47)
         *Los hombres eran judíos prosélitos
      2. Predicó y sanó a los enfermos en <u>Jerusalén</u> y a través de Israel (Hechos 3:1-4:21, 5:15-42, 9:31-43, 12:3-19)
         *Fue encarcelado por su mensaje y ministerio
      3. Viajó a <u>Samaria</u> para confirmar a los creyentes del ministerio de Felipe (Hechos 8:14-25)
         *Los primeros samaritanos convertidos después del día de Pentecostés
      4. Viajó a la casa de Cornelio en <u>Cesarea</u> (Hechos 10:1-11:18)
         *Los primeros gentiles fueron convertidos
      5. Viajó a <u>Antioquía</u> y reunió con Pablo (Gálatas 2:11)
      6. Escribió II Pedro desde <u>Babilonia</u> a los creyentes que conoció en Asia Menor (II Pedro 5:13)
         *Las iglesias a que escribió estaban en el Ponto, Galacia, Capadocia, Asia, y Bitinia
   B. Historia religiosa
      1. *La iglesia Católica Romana intenta afirmar que Pedro estaba en Roma y que "Babilonia" en II Pedro 5:13 es "Babilonia espiritual," que era Roma; sin embargo, no hay evidencia física para este punto de vista*
      2. Pedro fue martirizado al ser <u>crucificado</u> cabeza abajo por los romanos

II. **<u>Andrés</u>**
   A. Historia Bíblica
      1. Él ministró en <u>Jerusalén</u> por un tiempo y fue encarcelado con los otros apóstoles (Hechos 2:26-47, 4:33-5:2, 12-6:7, 8:1, 14, 9:27, 11:1, 15:2-33)
   B. Historia religiosa
      1. Viajó y ministró en <u>Escitia</u> (Rusia)
      2. Viajó y ministró en <u>Pictlan</u> (Escocia)
      3. Fue martirizado al ser <u>crucificado</u> en una cruz en forma de X por los romanos

III. **Jacobo el hijo de Zebedeo**
   A. Historia Bíblica
     1. Él ministró en Jerusalén por un tiempo y fue encarcelado con los otros apóstoles (Hechos 2:26-47, 4:33-5:2, 12-6:7, 8:1, 14, 9:27, 11:1, 15:2-33)
     2. Él fue el primer apóstol martirizado (Hechos 12:1-2)
   B. Historia religiosa
     1. Fue martirizado por decapitación por Herodes, el rey romano

IV. **Juan**
   A. Historia Bíblica
     1. Él ministró en Jerusalén por un tiempo y fue encarcelado con los otros apóstoles (Hechos 2:26-47, 4:33-5:2, 12-6:7, 8:1, 14, 9:27, 11:1)
     2. Él ministró con Pedro en Samaria (Hechos 8:14-15)
     3. Fue encarcelado en la isla de Patmos (Apocalipsis 1:9)
     *Escribió el libro de Apocalipsis mientras estaba en la isla
   B. Historia religiosa
     1. Viajó y ministró en Éfeso
     2. Fue colocado en un recipiente de aceite caliente por los romanos en el anfiteatro, pero Dios le protegió y no sufrió daño
     3. Fue liberado de Patmos y regresó a Éfeso
     4. Se murió en Éfeso después del año 98 DC

V. **Felipe**
   A. Historia Bíblica
     1. Él ministró en Jerusalén por un tiempo y fue encarcelado con los otros apóstoles (Hechos 2:26-47, 4:33-5:2, 12-6:7, 8:1, 14, 9:27, 11:1, 15:2-33)
   B. Historia religiosa
     1. Viajó y ministró en Gauls (Francia)
     2. Pudo haber viajado y ministrado en Bretaña
     3. Fue martirizado al ser apedreado hasta la muerte

VI. **Bartolomé/Natanael (hermano de Felipe)**
   A. Historia Bíblica
      1. Él ministró en Jerusalén por un tiempo y fue encarcelado con los otros apóstoles (Hechos 2:26-47, 4:33-5:2, 12-6:7, 8:1, 14, 9:27, 11:1, 15:2-33)
   B. Historia religiosa
      *Viajó y ministró con el apóstol Tadeo
      1. Viajó y ministró en Armenia (parte de Turquía, Irak e Irán)
         *Se afirma que Polymius, rey de Armenia, se hizo creyente a través del ministerio de Bartolomé, y que Armenia se convirtió en una nación cristiana
      2. Viajó y ministró en Persia (parte de Irán)
      3. Viajó y ministró en India
      4. Fue martirizado por haber sido desollado en vivo y luego crucificado por Astiages, el hermano del Rey Polimio

VII. **Tomás**
   A. Historia Bíblica
      1. Él ministró en Jerusalén por un tiempo y fue encarcelado con los otros apóstoles (Hechos 2:26-47, 4:33-5:2, 12-6:7, 8:1, 14, 9:27, 11:1, 15:2-33)
   B. Historia religiosa
      1. Viajó y ministró a lo largo de la "ruta de la seda" desde Roma hasta el Lenano Oriente
      2. Fue encarcelado y luego vendido a un hombre de la India con el nombre de Abbanes.
      3. Fue hecho un sirviente del rey Indo-Parteno, Gondophares, y viajó al oeste de la India.
         a. Llegó a la parte occidental de la India, en la ciudad portuaria de Muziris, alrededor del año 52 DC
         b. Ministró a los asentamientos judíos en la costa occidental de la India y plantó al menos 8 iglesias
            (1) En Kodungallur
            (2) En Palayoor
            (3) En Kottakkavu
            (4) En Kokkamangalam
            (5) En Niranam
            (6) En Nilackal

(7) En Thiruvithacode

(8) En Kollam

4. Fue martirizado al ser atravesado con una <u>lanza</u> en Chennai, India, en el 72 DC

VIII. **Mateo**

    A. Historia Bíblica

        1. Él ministró en <u>Jerusalén</u> por un tiempo y fue encarcelado con los otros apóstoles (Hechos 2:26-47, 4:33-5:2, 12-6:7, 8:1, 14, 9:27, 11:1, 15:2-33)

    B. Historia religiosa

        1. Viajó y ministró en <u>Persia</u> (parte de Irán)

        2. Viajó y ministró en <u>Partia</u> (parte de Irán)

        3. Viajó y ministró en <u>Siria</u>

        4. Viajó y ministró en <u>Macedonia</u>

        5. Viajó y ministró en <u>Etiopía</u>

        6. Fue martirizado por haber sido <u>quemado</u> en la hoguera en Etiopía

IX. **Jacobo el hijo de Alfeo (Jacobo el Menor)**

    A. Historia Bíblica

        1. 1. Él ministró en <u>Jerusalén</u> por un tiempo y fue encarcelado con los otros apóstoles (Hechos 2:26-47, 4:33-5:2, 12-6:7, 8:1, 14, 9:27, 11:1, 15:2-33)

    B. Historia religiosa

        1. Viajó y ministró en <u>Siria</u>

        2. Viajó y ministró en <u>Persia</u> (parte de Irán)

        3. Fue martirizado al ser <u>arrojado</u> del templo y luego golpeado

X. **Lebeo, cuyo sobrenombre era Tadeo (Judas)**

    A. Historia Bíblica

        1. Él ministró en <u>Jerusalén</u> por un tiempo y fue encarcelado con los otros apóstoles (Hechos 2:26-47, 4:33-5:2, 12-6:7, 8:1, 14, 9:27, 11:1, 15:2-33)

B. Historia religiosa

*Viajó y ministró por un tiempo con el apóstol Bartolomé (Natanael)

*Viajó y ministró por un tiempo con el apóstol Simón el Cananeo

1. Viajó y ministró en <u>Armenia</u> (parte de Turquía, Irak e Irán)
   *Se cree que ministró con el apóstol Simón el Cananeo durante este tiempo

2. Viajó y ministró en <u>Judea</u>

3. Viajó y ministró en <u>Samaria</u>

4. Viajó y ministró en <u>Idumaea</u> (parte del norte de Arabia Saudita)

5. Viajó y ministró en <u>Siria</u>
   *Se cree que ministró con el apóstol Simón el Cananeo durante este tiempo

6. Viajó y ministró en <u>Mesopotamia</u>

7. Viajó y ministró en <u>Libia</u>

8. Viajó y ministró en <u>Persia</u> (parte de Irán)
   *Se cree que ministró con el apóstol Simón el Cananeo durante este tiempo

9. Fue martirizado siendo <u>golpeado</u> hasta la muerte en Beirut, Líbano, en el 65 DC
   *Fue martirizado con el apóstol Simón el Cananeo

XI. <u>Simón</u> el Cananeo (Zelote)

A. Historia Bíblica

1. Él ministró en <u>Jerusalén</u> por un tiempo y fue encarcelado con los otros apóstoles (Hechos 2:26-47, 4:33-5:2, 12-6:7, 8:1, 14, 9:27, 11:1, 15:2-33)

B. Historia religiosa

1. Viajó y ministró en <u>Bretaña</u>
   *Se cree que ministró con José de Arimate

2. Viajó y ministró en <u>Egipto</u>

3. Viajó y ministró en <u>Persia</u> (parte de Irán)
   *Se cree que ministró con el apóstol Tadeo (Judas) durante este tiempo

4. Viajó y ministró en <u>Armenia</u> (parte de Turquía, Irak e Irán)
   *Se cree que ministró con el apóstol Tadeo (Judas) durante este tiempo

5. Viajó y ministró en <u>Siria</u>
    *Se cree que ministró con el apóstol Tadeo (Judas) durante este tiempo
6. Fue <u>martirizado</u> en Beirut, Líbano, en 65 DC
    *Fue martirizado con el apóstol Tadeo (Judas)

XII. ***<u>Judas</u> Iscariote***
    A. *Murió por sus <u>propias</u> manos después de traicionar a Jesucristo (Mateo 27:3-8)*

XIII. **<u>Pablo</u> (el apóstol nacido fuera del tiempo)**
    A. Historia Bíblica
    *Sus viajes de ministerio están registrados en Hechos 13-28
    1. Viajó y ministró a través de <u>Judea</u>
    2. Viajó y ministró en todo <u>Chipre</u>
    3. Viajó y ministró por toda <u>Siria</u>
    4. Viajó y ministró a lo largo de <u>Asia</u> <u>Menor</u>
    5. Viajó y ministró en toda <u>Macedonia</u>
    6. Viajó y ministró en toda <u>Grecia</u>
    7. Viajó y ministró en toda <u>Italia</u>
    8. Fue llevado a <u>Roma</u> como prisionero donde ministró por varios años
    B. Historia religiosa
    1. Fue martirizado al ser <u>decapitado</u> por los romanos

REFERENCIAS

*Jones, Danny, TH.D., *The Baptist Missionary Handbook*, Baptist Training Center Publications, Winter Haven, Florida, 2017. 123-138

EL MAPA DEL MINISTERIO MISIONERO DE LOS APÓSTOLES

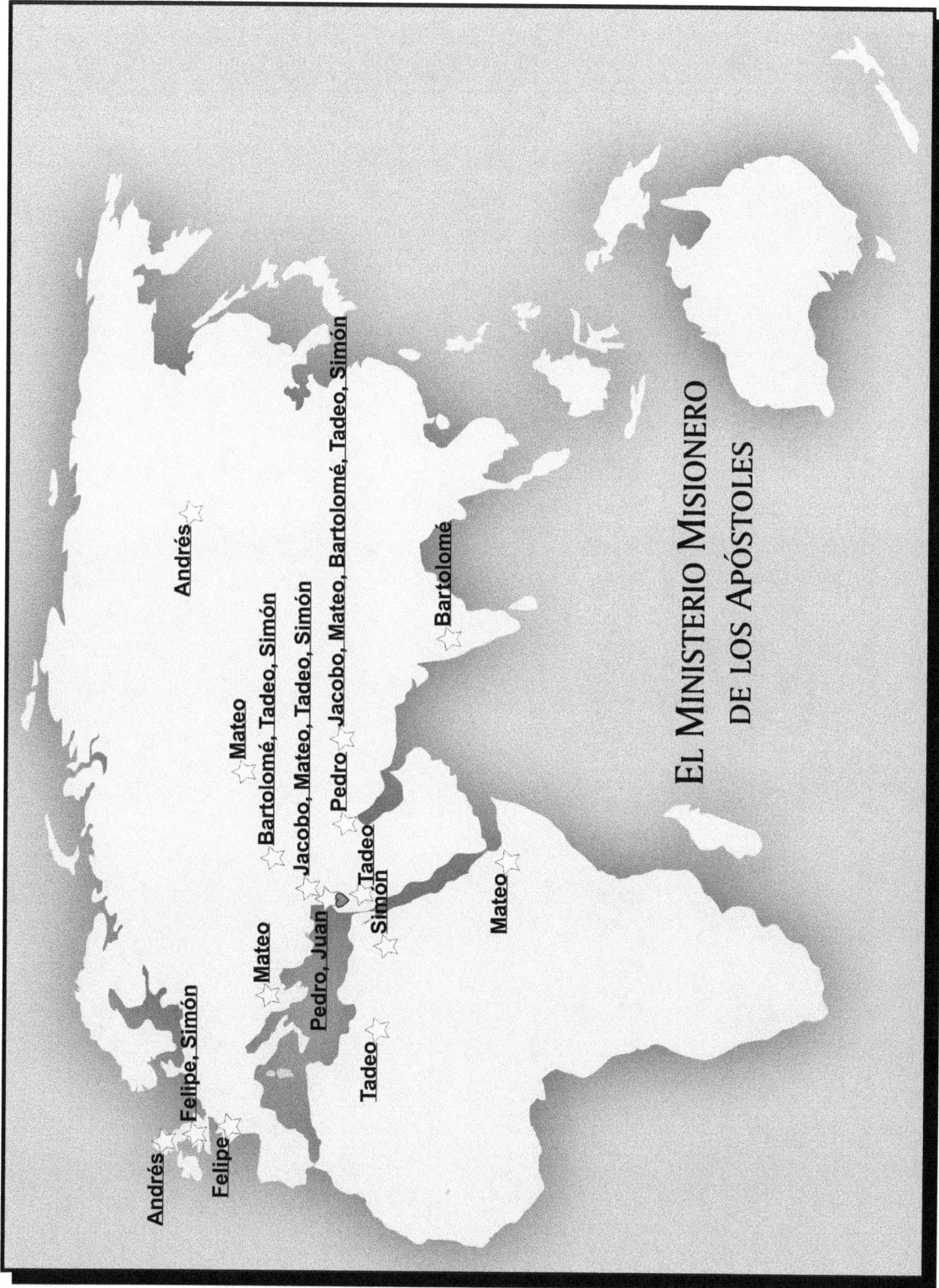

EL MINISTERIO MISIONERO DE LOS APÓSTOLES

UNA ENCUESTA DE LAS CONDICIONES Y LAS MISIONES RELIGIOSAS DESDE LOS TIEMPOS APOSTÓLICOS A LOS MODERNOS

I. **Un tiempo de <u>Persecución</u> (Siglo I-IV)** - El Evangelio se extendió por todo el mundo conocido a través del ministerio de los apóstoles y los creyentes que se dispersaron por todo el mundo debido a la persecución de Nerón (37-68 DC) y otros

   *Hubo momentos de tolerancia según quién gobernara Roma

   A. Hechos 8:1-5 - La persecución temprana de los judíos y Saúl (Pablo)
   B. Hechos 13-28 - El ministerio misionero de Pablo y otros
   C. I Pedro 1:1-2 - Pedro escribió a los creyentes dispersos que estaban enfrentando la persecución

II. **Un tiempo de <u>Avance</u> Falso (siglos V-XV)** - El liderazgo de iglesias establecidas trajo confusión al Evangelio y persecución a aquellos que siguieron estrictamente la Biblia

   *Gran parte de este tiempo se conoce como la "Edad Oscura" debido a los eventos y la falta de documentación

   A. El emperador romano <u>Constantino</u> se convirtió al "cristianismo" en 312 DC, y estableció el Cristianismo como la religión gubernamental, otorgando a las autoridades romanas el derecho de conquistar pueblos y tierras en nombre de la religión, y castigar a todos los que no cumplieran con la iglesia Católica

   *Aunque Constantino se identificó con los Cristianos, su forma de liderazgo y adoración mantuvo muchas prácticas paganas

   B. Hubo muy pocas misiones mundiales <u>documentadas</u> durante este período, ya que los verdaderos creyentes, que no se identificaban con la religión establecida, fueron perseguidos, pero continuaron <u>evangelizando</u> a medida que se dispersaron

   *Hay muy pocos registros escritos de Cristianismo bíblico aceptados para cuando sus advesarios hablaron en contra de ellos o documentaron su castigo

   1. <u>Paulicianos</u> - Armenia
   2. <u>Albigenses</u> - Francia

3. <u>Waldinsianos</u> - España, Francia, Flandes, Alemania, sur de Italia, Polonia y Hungría

4. <u>Anabaptistas</u> - Alemania del Sur, Austria, en muchas áreas de Europa

III. **Un tiempo de <u>Reforma</u> (siglos XVI-XVII)** - Aquellos creyentes del Nuevo Testamento que nunca se habían unido a la iglesia Católica continuaron manteniendo su fidelidad, mientras que algunos individuos que eran parte de la iglesia Católica reconocieron su corrupción y deseaban el cambio

A. Los <u>Reformadores</u> (Protestantes) (1517-1648) - La corrupción política y espiritual dentro de la Iglesia Católica llevó a algunos hombres a hablar en contra del liderazgo, con el propósito de purificar a la iglesia de su maldad

*Los reformadores sí creyeron en algunos cambios doctrinales, pero no rechazaron otras prácticas de la iglesia como el bautismo de infantes, los sacramentos para la salvación, la unión del gobierno y la religión, etc.

1. Los hombres de la Reforma (Protestantes/Puritanos)

a. Martin <u>Luther</u> - 1517 él clavó sus "95 tesis" de quejas contra la iglesia a la puerta de la iglesia en Wittenberg

b. Juan <u>Calvino</u> - Estableció las cinco doctrinas básicas presentadas como calvinismo

*Estas creencias son a menudo referidas como el "Tulipán"

c. Huldrych <u>Zwingli</u> - Estableció una comunidad en Zurich en la que la iglesia y el gobierno se unieron por completo y donde comenzó una escuela y un seminario para la formación religiosa

2. El enfoque de la Reforma fue la <u>purificación</u> de la iglesia, no la evangelización (misiones), ya que estaban limitadas, en sus creencias evangelísticas

a. La Gran Comisión fue solamente para los <u>apóstoles</u>

b. Predicar y enseñar el Evangelio es solamente para los <u>laicos</u>

c. Un enfoque en los cambios <u>políticos</u> y <u>sociales</u>

d. Creían en el <u>cambio</u> religioso (purificación), y no en la <u>libertad</u> religiosa para todos

*Persiguieron a los que se separaron de la iglesia mientras continuaban creyendo que la iglesia y el gobierno deberían unirse

3. Los beneficios de la Reforma
   a. Produjo un <u>ambiente</u> para el cambio
   b. Produjo una <u>oportunidad</u> de establecer escuelas y seminarios para capacitar a futuros ministros

B. Los <u>Anabaptistas</u> y Aeparatistas (creyentes del Nuevo Testamento)
   *Estos creyentes se habían enfrentado a la persecución a lo largo de la Edad Oscura, y formaron pequeños bolsillos de creyentes en todo el mundo conocido
   1. Las razones de su fidelidad
      a. Creían que la <u>Biblia</u> era la Palabra autorizada de Dios y debían estudiarse y obedecerse públicamente y privadamente
      b. La Gran Comisión aplica a <u>todos</u> los creyentes
      c. Su dispersión de la persecución brindó más <u>oportunidades</u> para evangelizar en nuevas ubicaciones
      d. Su creencia en la importancia de un <u>estilo</u> de vida puro y testimonio piadoso atrajo a los perdidos a su alrededor
      e. Su creencia en la <u>separación</u> de la iglesia y el gobierno los llevó a buscar influir al mundo perdido con el Evangelio en lugar de conquistarlo con la espada
   2. Los beneficios de su fidelidad
      a. La Biblia mantuvo su propio <u>papel</u> en el verdadero Cristianismo
      b. Todos los creyentes estaban involucrados en <u>representar</u> a Cristo a todos aquellos con quienes tenían contacto
      c. El Evangelio <u>llegó</u> a muchas áreas del mundo que nunca hubieran escuchado si la persecución no forzara la reubicación
         *Dios sí conservó a Su pueblo y el Evangelio a través de este período, que se evidencia en los numerosos grupos dispersos de verdaderos creyentes que se conocieron cuando se impartió la libertad religiosa.

*La persecución religiosa continuó creciendo durante el siglo decimoséptimo, los Protestantes fueron perseguidos por los Católicos, y los Separatistas fueron perseguidos por los Católicos y Protestantes. Debido a que los viajes por el mundo eran cada vez más accesibles, muchos Protestantes y Separatistas abandonaron sus patrias para buscar la libertad religiosa. Muchos viajaron a los Países Bajos o a las nuevas colonias en América.

REFERENCIAS

1. Klauber, Martin and Manetsch, Scott. *The Great Commission.* Nashville, Tennessee: B&H Publishing Group, 2008. 12-22.

2. Pettegree, Andrew. "The English Reformation," last updated February 2, 2011, http://www.bbc.co.uk/history/british/tudors/english_reformation_01.shtml.

3. The Editors of Encyclopedia Britannica. "Counter-Reformation," Britannica.com, accessed April 23, 2018 https://www.britannica.com/event/Counter-Reformation.

4. The Editors of Encyclopedia Britannica. "Reformation," BBC History, accessed April 23, 2018, https://www.britannica.com/event/Reformation.

5. Lunn-Rockliffe, Sophie Dr. "Christianity and the Roman Empire," BBC History, last updated February 2, 2011, http://www.bbc.co.uk/history/ancient/romans/christianityromanempire_article_01.shtml.

6. "Who were the Waldensians, and what did they believe?," God Questions, accessed April 23, 2018, https://www.gotquestions.org/Waldensians.html.

LAS RAÍCES MISIONERAS EN INGLATERRA

I. **Las limitaciones de las misiones (siglos XV al XVII)**
   A. Los Reformadores
      1. La purificación de su iglesia (iglesia Anglicana)
      2. La creencia de que la Gran Comisión era solamente para los apóstoles
      3. La visión evangelística limitada del Calvinismo
   B. Los Bautistas
      1. La persecución de la iglesia/el gobierno (iglesia Anglicana)
         a. La persecución llevó a muchos Bautistas a huir de Inglaterra e ir a los Países Bajos o América
         b. Algunos Bautistas regresaron a Inglaterra a comienzos del 1600

         *Algunos que regresaron a Inglaterra fueron perseguidos y asesinados, pero los creyentes fieles continuaron la obra

         *Una perspectiva nacionalista limitada llevó a muchos a creer que habían muchos en Inglaterra que aún no se habían salvado, y que allí era donde debería enfocarse el evangelismo

         *El hiper-calvinismo llevó a muchos a creer que deberían predicar solamente a los "elegidos"
         (1) Bautistas Generales - Thomas Helwys
            (a) Los Bautistas Generales creyeron que la muerte de Jesucristo pagó por todo el pecado de la humanidad
            (b) Los Bautistas Generales tuvo muy poco entrenamiento y con el tiempo perdió su solidez doctrinal y su influencia evangelística y espiritual cuando se volvieron unitarios, rechazando la deidad de Jesucristo y la Trinidad
         (2) Bautistas Particulares - Henry Jacob, John Spilsbury
            (a) Los Bautistas Particulares creían en el Calvinismo que impedía su visión del evangelismo global
            (b) Los Bautistas Particulares tenían alguna visión de la educación, y establecieron una escuela y un seminario en Inglaterra

   (c) Los Bautistas Particulares organizaron una Asociación Bautista en Londres en 1643 después de afirmar la primera Confesión de Fe de Londres

II. **La preparación para las misiones**
 A. El Gran Despertar en las colonias Americanas y avivamiento espiritual en Inglaterra (1730-1740)
  *George Whitefield, y John y Charles Wesely se habían conocido desde el principio de sus vidas
  1. Jonathan Edwards - (de Northampton, Massachusetts) Anglicano
   a. Predicó principalmente en su área de origen
   b. Comenzó su ministerio en 1727 y disfrutó un gran avivamiento en Northampton en 1735 y es reconocido como el "Padre del Gran Despertar" cuando
   c. Predicó el sermón famoso *"Pecadores en las Manos de un Dios Enojado"* en 1741
   d. David Bairnerd estaba comprometido con su hija y murió en su casa en 1747
    *Jonathan publicó un libro basado en los diarios de David Brainerd titulado *"Una Cuenta de la Vida de los Últimos Años y David Brainerd"*
   e. Fue expulsado de la iglesia en Northampton porque creía que solamente los creyentes deberían participar en la cena del Señor en 1750
   f. Se mudó a Stockbridge, Massachusetts y se convirtió en pastor de una pequeña iglesia y misionero de los indios Housatonic de 1750-1758
   g. Aceptó la invitación para ser el presidente del Colegio de Nueva Jersey (ahora Princeton University) en 1758, pero falleció pocos meses después debido a una inoculación de viruela.
  2. George Whitefield - (de Inglaterra)
  *Estuvo ministrando por un tiempo como ministro anglicano antes de convertirse en 1737
   a. Se enfocó en un mensaje evangelístico y se enfrentó a la filosofía humanista que depende de la ciencia y la lógica humana

   b. Se convirtió en un predicador <u>intenerante</u>, predicó en servicios al aire libre y dio la oportunidad de asistir a personas que no asistían a la iglesia

   c. Predicó en las colonias <u>Americanas</u> y en Londres y Bristol Inglaterra

   d. Predicó a <u>todo</u> tipo de personas, incluidos los trabajadores comunes, los esclavos, y los americanos nativos

  3. John <u>Wesley</u>

   *Había viajado a la colonia Georgia, para ser un misionario de los indios y regresó a Inglaterra con un hambre espiritual de salvación, que recibió en 1738.

   a. Se enfocó en un mensaje <u>evangelístico</u>

   b. Se convirtió en un predicador intenerante que viajaba <u>miles</u> de millas por toda Inglaterra mientras predicaba en servicios al aire libre porque no era bienvenido en las iglesias establecidas

    *John Wesley fue influenciado por el ministerio al aire libre de George Whitefield

   c. Su hermano <u>Charles</u> Wesley también se convirtió en 1738, y se convirtió en predicador y uno de los escritores de himnos ingleses más famosos

B. Progresión <u>industrial</u> y de <u>alfabetización</u>

  1. Las <u>imprentas</u> se formaron para imprimir libros y periódicos

   a. Esto permitió a las organizaciones Cristianas publicar y distribuir literatura religiosa, incluyendo tratados, libros, periódicos, etc.

  2. El sistema <u>educativo</u> estaba mejorando a medida que había más libros disponibles y se consideraba que la educación como necesaria para el éxito

C. <u>Colonialización</u>

  1. Los esfuerzos políticos de <u>Inglaterra</u> y <u>España</u> a través de la colonización de diferentes países proporcionaron rutas comerciales y centros gubernamentales en todo el mundo

   a. Esto permitió a Inglaterra y España tener más información sobre las necesidades del mundo

   b. Esto permitió a los misioneros viajar más libremente y establecer hogares y ministerios en países extranjeros

REFERENCIAS

1. Christian, John, A.M. D.D. L.L.D, A *History of the Baptists, Vol. 1*. Bogard Bress: Texarkana, Texas, 1922. 146-159, 188-239, 267-281

2. Klauber, Martin and Manetsch, Scott. *The Great Commission*. Nashville, Tennessee: B&H Publishing Group, 2008. 12-22, 44-50

3. Severance, Diane PH. D. "Evangelical Revival in England," Christianity.com, published April 28, 2010, https://www.christianity.com/church/church-history/timeline/1701-1800/evangelical-revival-in-england-11630228.html.

4. Severance, Diane PH. D. "Jonathan Edwards, America's Humble Gaint," Christianity.com, published April 28, 2010, https://www.christianity.com/church/church-history/timeline/1701-1800/jonathan-edwards-americas-humble-giant-11630188.html.

5. Severance, Diane PH. D. "Charles Wesley" Christianity.com, published April 28, 2010, https://www.christianity.com/church/church-history/timeline/1701-1800/charles-wesley-11630230.html.

6. Green, Roger. "1738 John & Charles Wesley Experience Conversions," Christian History Institute, accessed August 14, 2018. https://christianhistoryinstitute.org/magazine/article/john-and-charles-converted.

7. "John Wesley's Big Impact on America," Christianity.com, https://www.christianity.com/church/church-history/timeline/1701-1800/john-wesleys-big-impact-on-america-11630220.html, published April 28, 2010.

La Historia de las Misiones Modernas

Introducción

★ Debido al deseo de Inglaterra de colonizar el mundo a medida que su poder crecía y se establecieron las rutas comerciales, se realizó la necesidad y la oportunidad para el trabajo misionero.

★ Muchas de las colonias en las Américas fueron establecidas por religiones individuales, por lo tanto, se proporcionó libertad religiosa a las personas de esa religión, pero no a las otras.

*Debido que pocas de las colonias ofrecían verdadera libertad religiosa (excepto Pennsylvania y Road Island), peor creían en la unión de la religión y el gobierno, durante muchos años carecieron de un corazón para el verdadero trabajo misionero.

★ El Gran Despertar en las Américas produjo un renacimiento espiritual en todas las colonias en los años 1730 y 1740 a través de la predicación de hombres como Johnathan Edwards y George Whitfield

★ El reavivamiento espiritual en Inglaterra a través del ministerio de hombres como George Whitfield, John y Charles Wesley, y la música de Isaac Watts no solamente trajeron luz espiritual a Inglaterra, sino que preparó el escenario para que Inglaterra brillara por todo el mundo durante generaciones.

John (Juan) Eliot
(1604-1690)
La Colonia de la Bahía de Massachusetts

JOHN ELIOT.

"... la profesión de muchos no es más que una mera pintura,
y sus mejores gracias no son más que simples destellos y punzadas,
que de repente se encienden y luego desaparecen y se extinguen nuevamente."

I. **Historia Personal**
    A. País de nacimiento - Herfordshire, <u>Inglaterra</u>
    B. Familia
        1. Nació en una familia <u>adinerada</u>
        2. Se casó con <u>Hannah</u> Mumford en Massachusetts en 1632
    C. Educación/Comercio
        1. Graduado de <u>Cambridge</u> en 1622
        2. Influenciado por el pastor Tomás <u>Hooker</u> que fue responsable de la conversión de Eliot
            *El pastor Hooker era un pastor puritano

II. **Afiliación del Ministerio**
    A. <u>Puritano</u>

III. **Experiencia y Entrenamiento del Ministerio**
    A. Estudió para el ministerio en <u>Cambridge</u>, Inglaterra, en 1622
    B. Trabajó con el pastor Tomas <u>Hooker</u> en Inglaterra antes de mudarse a América
    C. Él ministraba a las <u>congregaciones</u> Inglesas en Roxbury, Massachusetts

IV. **Llamado del Ministerio**
A. Dejó Inglaterra como un joven pastor puritano para vivir y ministrar en los Estados Unidos debido a la presión <u>Anglicana</u> sobre los puritanos
B. Trabajó por 1 año en Boston antes de plantar una iglesia inglesa en <u>Roxbury</u> (5 millas de Boston)
C. Comenzó a interesarse en los indios nativos después de ver el <u>sello</u> de la Colonia de la Bahía de Massachusetts, donde un indio dice: "Ven y ayúdanos"
   *El sello de la Colonia de la Bahía de Massachusetts había sido otorgado por el Rey Carlos I en 1629

V. **Ubicación del Ministerio**
A. Grupo de Personas
   1. Colonos <u>Ingleses</u> - Roxbury, Massachusetts
   2. <u>Indios</u> Narragansett y otros indios con un idioma similar
B. Fecha
   1. Roxbury a los colonos ingleses - <u>1632-1690</u> (58 años)
   2. Natick a los nativos americanos - <u>1646-1690</u> (44 años)

VI. **Viajes y Obra del Ministerio**
A. Viajó a Boston, <u>Massachusetts</u> en 1631
   1. Aceptó el <u>pastoreado</u> de una congregación de habla inglesa en Roxbury
      a. Escribió el *Bay Psalm Book* (Libro de Salmos de la Bahía") en 1640
         *Este fue el primer libro publicado en América
   2. Comenzó a viajar a <u>pie</u> y a <u>caballo</u> para llegar a los indios Narragansett en Nueva Inglaterra
      a. Aprendió el <u>idioma</u> Algonquino
      b. <u>Predicó</u> en Algonquino por primera vez en 1647
         (1) <u>Predicó</u> la Biblia públicamente
         (2) Aceptó <u>preguntas</u> de los indios y les proporcionó respuestas bíblicas
         (3) Estableció <u>catecismos</u> para los niños

    c.   Él tradujo la <u>Biblia</u> en idioma Algonquino en 1663
          *Esta fue la primera Biblia impresa en América
          *Escribió y tradujo 20 o más libros para ayudar a los indios a leer y crecer espiritualmente

    d.   Estableció <u>comunidades</u> indias basadas en estándares bíblicos e ingleses

        (1) No se permitió <u>bautizar</u> a un indio hasta que su estilo de vida cambió después de una profesión de fe

        (2) Se formaron comunidades indias llamadas *Praying Towns* (*Ciudades de Oración*) que mantuvieron sus propias leyes basadas en principios bíblicos

        (3) Él usó las comunidades para madurar y <u>entrenar</u> a los indios para el ministerio futuro

        (4) Hubo <u>14</u> ciudades y 1,100 indios involucrados antes por 1674

    e.   Recibió <u>ayuda</u> de la *Sociedad para la Propagación del Evangelio en Nueva Inglaterra* formada por el Parlamento de Inglaterra, y recibió fondos de mercaderes y habitantes de casas de campo de Londres para llevar a cabo su trabajo
          *Estos fondos estuvieron disponibles justo cuando Eliot estaba desesperado por la falta de dinero para continuar su trabajo con los indios

VII. Estilo/Filosofía del Ministerio

    A.   Era <u>bivocacional</u> como pastor de una gran iglesia en Roxbury, Massachusetts, mientras trabajaba con los indios Narragansett y otros como ellos

    B.   Puso la <u>predicación</u> y la <u>enseñanza</u> en el centro de su ministerio
         *Él creía que la fe venía por escuchar - Romanos 10:17

    C.   Él entendió la importancia de la <u>traducción</u> y la literatura <u>escrita</u>

    D.   Estableció una comunidad india cristiana y no <u>integró</u> a los creyentes indios con los creyentes ingleses
         *Él creía que era posible que los indios fueran parte de la tribu perdida de Israel y que Dios podría estar trabajando para restaurarlos en los últimos días

    E.   Entrenó a unos <u>evangelistas</u> indios para que hicieran gran parte del ministerio itinerante a las diferentes comunidades de *Praying Indians* (*Indios de Oración*)

VIII. **Limitaciones del Ministerio**
- A. Era un pastor a tiempo <u>completo</u> y un misionero a tiempo parcial que limitaba sus esfuerzos en su trabajo misionero
- B. Él creía que parte del proceso de salvación estaba cambiando la <u>cultura</u> de los indios para ser más inglesa (siguiendo las ideas de la colonización de su tiempo)
  *Esto ha dado lugar a muchas dudas sobre cuántos indios se convirtieron verdaderamente espiritualmente y cuántos simplemente se conformaron socialmente
- C. Nunca <u>vivió</u> con los indios ni se adaptó a la cultura india
- D. Él nunca <u>integró</u> a los indios en la comunidad o las iglesias inglesas, lo que generó una desconfianza continua entre los dos grupos

IX. **Resultados del Ministerio**
- A. Después de la finalización del Nuevo Testamento en el idioma Algonquino, se cree que muchos indios se <u>convirtieron</u>
- B. La Guerra del Rey <u>Felipe</u> (1675-1678) destruyó casi todas las comunidades de *Praying Indians* (*Indios de Oración*) iniciadas por Eliot, y muchos de los indios fueron asesinados por los ingleses (porque no los distinguían de otros indios), y de otros indios nativos (porque no se unirían a la lucha contra los ingleses)
  *Eliot tenía 74 años cuando intentó reconstruir el ministerio que había sido destruido por la Guerra del Rey Felipe

LECCIONES PARA APRENDER

- ♦ Dios puede llevarnos a lugares de ministerio de maneras que no reconocemos ni a nosotros ni a los demás
- ♦ La Biblia debe ser el centro de todo ministerio
- ♦ La claridad del lenguaje y la literatura escrita son de suma importancia en el ministerio
- ♦ El ministerio del Evangelio es transformación espiritual y no reforma social
- ♦ La unidad de los creyentes de todas las culturas es necesaria para la estabilidad a largo plazo en el ministerio

REFERENCIAS

1. Klauber, Martin and Manetsch, Scott. *The Great Commission.* Nashville, Tennessee: B&H Publishing Group, 2008. 23-29.

2. Rooy, Sidney H. "Eliot, John (1604-1690)," Biographical Dictionary of Christian Missions, ed. Gerald H. Anderson (New York: Macmillan Reference USA, 1998), reimpreso por la School of Theology, History of Missiology, accedido Mayo 23, 2018, http://www.bu.edu/missiology/missionary-biography/e-f/eliot-john-1604-1690/.

3. "John Eliot," Christianity Today, accedido Agosto 11, 2018, https://www.christianitytoday.com/history/people/missionaries/john-eliot.html.

4. Ken Curtis, PH. D. "John Eliot: Apostle to Indians," Christianity.com, publicado Abril 28, 2010, https://www.christianity.com/church/church-history/timeline/1601-1700/john-eliot-apostle-to-indians-11630089.html.

5. Imagen de "Roxbury Latin School founder John Eliot," *Wikipedia*, accedido Agosto 22, 2018. https://en.wikipedia.org/wiki/John_Eliot_(missionary).

6. Imagen de "The History of the Arms of the Great Seal of the Commonwealth of Massachusetts," William Francis Galvin, Secretary of the Commonwealth of Massachusetts, Public Records, accedido Agosto 11, 2018, https://www.sec.state.ma.us/pre/presea/sealhis.htm.

DAVID BRAINERD
(1718-1747)
NORESTE, AMÉRICA COLONIAL

"... Apenas anhelaba vivir para Dios para estar totalmente dedicado a Él; quería gastar mi vida en Su servicio y para Su gloria ..."

"... quemarse en una fama continua por Dios."

I. **Historia Personal**
   A. País de nacimiento - Haddam, Connecticut, <u>América</u> Colonial
   B. Familia
      1. Nació en una familia de <u>agricultores</u> puritanos
      2. Su padre murió cuando él tenía <u>9</u> años, y su madre murió cuando él tenía <u>14</u> años
      *La muerte de sus padres continuamente le impresionó la brevedad de la vida y su condición espiritual
      *Vivió con su hermana Jerusha hasta que tenía 19 años
   C. Educación/Comercio
      1. A la edad de <u>19</u> años comenzó a trabajar con el pastor Phineas Fiske en abril de 1738.
         a. Se hizo muy serio y apasionado acerca de las cosas espirituales, y estudiaba la Biblia
         b. El pastor Fiske murió en febrero de 1738
         c. David comenzó a guardar horas y días especiales para la oración privada y el ayuno mientras buscaba una relación con Dios

2. Fue afectado por el <u>Gran</u> <u>Despertar</u> y a la edad de 21 años hizo una <u>profesión</u> de fe
3. Comenzó sus estudios ministeriales en la Universidad de <u>Yale</u> en 1739, pero fue despedido por decir que un profesor no tenía "más gracia que una silla"

II. **Afiliación del Ministerio**
A. <u>Presbiteriano</u>
B. The Society for Propagating Christian Knowledge in Scotland *(La Sociedad para Propagar el Conocimiento Cristiano de Escocia)*

III. **Experiencia y Entrenamiento del Ministerio**
A. Después de mucho tiempo <u>buscando</u> sinceramente a Dios a través de la oración y el estudio de la Biblia, fue salvo en julio de 1739
B. Comenzó a estudiar para el <u>ministerio</u> en la Universidad de Yale en septiembre de 1739
1. Contrajo <u>tuberculosis</u> en su primer año
2. Hizo un comentario despectivo en privado sobre un profesor, pero no quiso descularse públicamente, así que fue <u>despedido</u> en febrero de 1742
*Aunque escribió una carta de disculpa e intentó regresar a Yale en varias ocasiones, Jonathan Edwards no le permitió regresar
C. Fue <u>licenciado</u> para predicar como presbiteriano en Danbury, Connecticut en julio de 1742
D. Predicó por <u>primera</u> vez el 30 de julio de 1742 y viajó en el área de Nueva Inglaterra durante todo el verano con su amigo Joseph Bellamy
*Dejó el área porque estaba predicando
E. Se presentó a la *Society for Propagating <u>Christian</u> <u>Knowledge</u> de Escocia* (*La Sociedad para Propagar el Conocimiento Cristiano de Escocia*), en Pemberton, Nueva York como misionero a los indios en noviembre de 1742
F. Viajó como un <u>predicador</u> itinerante y de suministro en el invierno de 1742-1743
*Le pidieron que se quedara como predicador a tiempo completo en East Hampton, Long Island, Nueva York, pero se negó

IV. **Llamado del Ministerio**

A. Deseó unirse al clero desde su <u>juventud</u>

B. Mientras estaba en la Universidad de Yale, fue influenciado por la predicación de George <u>Whitefield</u> y Gel Tennent durante el Gran Despertar

    1. Él y un par de otros estudiantes comenzaron a <u>orar</u> por la salvación de los perdidos

    2. Escuchó un sermón de Ebenezer Pembertson sobre el trabajo misionero con los <u>indios</u> americanos, y al día siguiente, en su 23° cumpleaños, se comprometió a llegar a los indios americanos el 20 de abril de 1740

C. Se <u>unió</u> a la *Society for Propagating Christian Knowledge de Escocia* (*La Sociedad para Propagar el Conocimiento Cristiano de Escocia*) en 1742, por sugerencia de Jonathan Dickinson, un ministro presbiteriano

V. **Ubicación del Ministerio**

A. Grupo de Personas: <u>Indios</u> Americanos

B. Fecha - <u>1743-1747</u> (4 años)

VI. **Viajes del Ministerio**

*Viajó a caballo pero eligió caminar cuando sintió que la carga era demasiado para su caballo

A. Fue enviado por la *Society for Propagating Christian Knowledge of Scotland* (*La Sociedad para Propagar el Conocimiento Cristiano de Escocia*) a <u>Kaunameek</u>, Nueva York, y comenzó a ministrar allí en marzo de 1743

    1. No tuvo <u>ayuda</u> ni compañeros en su ministerio, y pasó mucho tiempo en oración, ayuno, y contemplación

      *Estaba muy solo, y sus condiciones de vida eran difíciles durante este tiempo

    2. Viajó una milla y media a <u>pie</u> para llegar a los indios

    3. Tenía un Cristiano de Stockbridge, Massachusetts, <u>interpretar</u> para él

      a. Aprendió a <u>orar</u> en el idioma indio

      b. Trabajaron para <u>interpretar</u> los Salmos y algunos himnos en el idioma indio

      c. Comenzaron una <u>escuela</u> de inglés para los indios

4. Viajó periódicamente a <u>Nueva</u> <u>York</u> durante este tiempo
*Visitó la Universidad de Yale en New Haven durante la ceremonia de graduación que debería haber sido su graduación, pero una vez más se negó la readmisión
5. Predicó su <u>último</u> sermón en Kaunaumeek en marzo de 1744, y abandonó el área en abril de 1744
*Encontró poco éxito en Kaunaumeek y deseaba moverse para llegar a otras tribus indias
B. Fue enviado por la *SPCCE* a <u>Easton</u>, Pensilvania, y comenzó a ministrar allí en mayo de 1744
*Esta área estaba ubicada a lo largo del Río Delaware
1. Fue bien recibido y frecuentemente enseñó en el hogar del <u>jefe</u> indio
2. Viajó a Nueva York para ser <u>ordenado</u> en julio de 1744
*El viaje fue 80 millas en una dirección a caballo
3. Usó un <u>intérprete</u> con el nombre de Tattamy para comunicarse con los indios
4. Tenía alrededor de 40 indios que lo <u>escucharían</u> predicar al final del verano
*Pero ninguno de ellos hizo una profesión de fe
5. <u>Sufrió</u> mucho debido a las condiciones de vida y viaje, y se puso muy enfermo
C. Regresó a su casa en <u>Nueva</u> <u>Inglaterra</u> en septiembre de 1744
*Se quedó por aproximadamente 3 semanas
D. Viajó al río <u>Sesquahanna</u>, Pensilvania en octubre de 1744
1. El viaje fue de 70 millas en una dirección
2. Viajó con Eliab Bryam, Tattamy (su intérprete), y otros dos indios
3. Su caballo se rompió la pierna y tuvo que matarlo a 30 millas de la casa más cercana
*Él y Eliab se turnaron caminando y cabalgando para terminar su viaje
4. Fueron bien recibidos por los indios, pero se quedaron solamente unos días
E. Regresó a <u>Easton</u>, Pensilvania en octubre de 1744
1. Enfrentó el invierno con muchos desalientos y muy solo

F. Viajó por 5 semanas por Nueva Jersey, Nueva York, y Connecticut para buscar un compañero en el ministero en marzo y abril de 1744
    1. Viajó más de 600 millas
    2. Su viaje no tuvo éxito y regresó a Easton, Pensilvania solo

G. Viajó al río Sesquahanna, Pensilvania por segunda vez en mayo de 1744
    1. Viajó con Tattamy, durante 22 días, alrededor de 340 millas a caballo y a pie
    2. Viajó a Shamakin, sede de varias tribus indias, y visitó varias tribus en el camino
    3. Encontró muy pocos prospectos y regresó desanimado

H. Viajó a Crossweeksung, Nueva Jersey en junio de 1745
    1. El viaje fue de aproximadamente 80 millas
    2. Encontró una respuesta favorable de los indios
    3. Se quedó solamente 2 semanas

I. Regresó a Easton, Pensilvania en julio de 1745
    1. Él bautizó a sus primeros conversos indios, Tattamy y su esposa, el 21 de julio de 1745

J. Viajó a Crossweeksung, Nueva Jersey por segunda vez en agosto de 1745
    1. Encontró a Dios haciendo una gran obra entre 65 indios que lo escucharon predicar cuando comenzaron a orar y a ser salvos
    2. El testimonio de los indios convertidos creció y otros, incluidos los hombres blancos, comenzaron a venir
    3. Bautizó a 25 indios el 25 de agosto

K. Viajó al río Sesquahanna, Pensilvania por tercera vez en septiembre de 1745
    1. Él una vez más no encontró resultados

L. Viajó a Crossweeksung, Nueva Jersey por tercera vez en octubre de 1745
    1. Él encontró a los creyentes creciendo espiritualmente
    2. Adquirió un maestro de escuela y libros educativos para que los indios fueran educados
    3. Su grupo de creyentes creció a unos 150 conversos, incluyendo algunos evangelistas indios en abril de 1746
    4. Estableció un lugar de culto en Cranberry, Nueva Jersey llamado Bethel (Betel) en mayo de 1746
    5. Aunque quería quedarse, todavía estaba agobiado por otros indios que aún no habían oído hablar del Evangelio

M. Viajó al río Sesquahanna, Pensilvania por cuarta vez en agosto de 1746
    1. Viajó a Shamokin

      2.   Trató de ir unas 100 millas más hasta Lockhaven, Pensilvania, pero su salud no le permitió completar el viaje

N.   Viajó a Crossweeksung/Cranberry por <u>quinta</u> vez en septiembre de 1746
      1.   Partió con mala salud de Cranberry con 85 creyentes indios en Noviembre, 1746

O.   Viajó a <u>Elizabethtown</u>, Nueva Jersey en noviembre de 1746
      1.   Descansó en la casa de Jonathan Dickinson

P.   Viajó a Crossweeksung/Cranberry por <u>sexta</u> vez en septiembre, marzo de 1746
      1.   Su salud se había recuperada lo suficiente para el viaje
      2.   Se quedó solamente 2-3 días

Q.   Viajó a <u>Elizabethtown</u>, Nueva Jersey en abril de 1746
      1.   Descansó un poco más
      2.   Pasó su 29º cumpleanos en cama todo el día, 19 de abril de 1746

R.   Regresó a <u>Nueva Inglaterra</u> en abril de 1746
      1.   Se quedó con Jonathan <u>Edwards</u>
      2.   Fue cuidado por la hija de Jonathan de 17 años, <u>Jerusha</u>
          *Se cree que estaban comprometidos para casarse
          *Ella murió pocos meses después de la muerte de David
      3.   <u>Murió</u> el 4 de octubre de 1747

VII.   Estilo/Filosofía del Ministerio

A.   <u>Vivió</u> entre y en las mismas condiciones de los indios
    *No intentó colonizar a los indios antes de evangelizarlos

B.   A menudo vivía y trabajaba <u>solo</u> como un predicador itinerante que viajaba miles de millas a pie o a caballo

C.   Predicó el <u>Evangelio</u> de Jesucristo a todos los que quisieran escuchar
      1.   Él ministró durante <u>2</u> años sin ver una conversión
      2.   Él <u>bautizó</u> a los que creyeron en Jesucristo, y estableció iglesias para que los nuevos creyentes pudieran crecer

D.   Era extremadamente celoso y se entregó al ministerio como <u>sacrificio</u>
    *Estaba dispuesto a "quemarse en una sola llama para Dios"

E.   Él era un apasionado de la <u>salvación</u> de los indios
    *Dijo: "Para el ojo de la razón, todo lo que respeta la conversión de los paganos es tan oscuro como la medianoche; y sin embargo, no puedo sino esperar en Dios por la realización de algo glorioso entre ellos"

VIII. **Limitaciones del Ministerio**
   A. Con frecuencia estaba <u>agobiado</u> y <u>angustiado</u> por sus propias insuficiencias espirituales, y enfrentaba la depresión frecuente
   B. Estaba físicamente <u>débil</u> debido a la tuberculosis, y <u>murió</u> en 1747 a la edad de 29
      1. Sus condiciones de vida se sumaron a su condición física débil
      2. Sirvió como misionero por solamente 4 años

IX. **Resultados del Ministerio**
   A. Disfrutó de la <u>conversión</u> de muchos indios a los que ministraba antes de su muerte
   B. Sus <u>diarios</u> han sido una inspiración para el servicio y la fidelidad de muchos creyentes y misioneros a lo largo de las generaciones debido a su amor sacrificial por Dios y por los perdidos indios
   *Johnathan Edwards publicó un libro titulado *Una Cuenta de la Vida del Difunto Reverendo Sr. David Brainerd*
   *Un converso indio dijo: "Brainerd amaba tanto a su Padre Celestial que estaba dispuesto a soportar las dificultades, viajar por las montañas, sufrir hambre, y tirarse al suelo, para poder hacer que [nuestro] pueblo fuera bueno ..."

LECCIONES PARA APRENDER

♦ Debemos ser apasionados por Dios y la condición espiritual de aquellos a quienes intenta llegar a través de nosotros

♦ El Evangelio debe ser nuestro mensaje con la salvación como nuestro objetivo, no los mandatos humanos para producir un cambio cultural

♦ Un misionero debe estar dispuesto a sacrificar su cultura y comodidad por la oportunidad de ministrar a aquellos que Dios quiere que alcance

♦ Un misionero debe reconocer y buscar la sabiduría de Dios para las cargas físicas que enfrentará mientras ministra

♦ Dios es el único que puede producir fruto espiritual

♦ La salvación de las almas no es el final de nuestro ministerio, sino el comienzo cuando bautizamos a los nuevos creyentes y los discipulamos para que maduren en Cristo

♦ Nuestro ministerio y testimonio pueden tener un mayor impacto después de nuestra muerte que durante nuestra vida

REFERENCIAS

1. Klauber, Martin and Manetsch, Scott. *The Great Commission.* Nashville, Tennessee: B&H Publishing Group, 2008. 31-34.

2. Minkema, Kenneth P. "Brainerd, David (1718-1747)," Biographical Dictionary of Christian Missions, , ed. Gerald H. Anderson (New York: Macmillan Reference USA, 1998), reimpreso por la School of Theology, History of Missiology, accedido Mayo 23, 2018, http://www.bu.edu/missiology/missionary-biography/a-c/brainerd-david-1718-1747/. 5/23/2018

3. Reese, Ed. "David Brainerd," Christian Hall of Fame, Reese Publications, copied by WholesomeWords.org, accedido Agosto 1, 2018, https://www.wholesomewords.org/missions/biobrainerd.html. 8/11/2018

4. Barlow, Fred. "David Brainerd: Missionary," Profiles in Evangelism, Sword of the Lord Publishers, 1976, Copied by WholesomeWords.org,, accedido Agosto 11, 2018, https://www.wholesomewords.org/missions/biobrain.html.

5. "David Brainerd" Christianity.com, publicado Abril 28, 2010, https://www.christianity.com/church/church-history/timeline/1701-1800/david-brainerd-11630200.html.

6. Imagen de "Rev. David Brainerd" *WMCarey.edu, Portrait Gallery*, Cameo Portrait, https://www.wmcarey.edu/carey/portraits/brainerd3.jpg

George (Jorge) Liele
(1750-1828)
Virginia Colonial y Jamaica

I. **Historia Personal**
   A. País de nacimiento - La colonia de Virginia, <u>América</u> Colonial
   B. Familia
      1. Nació en una familia de <u>esclavos</u>, propiedad de Henry Sharp
      2. Se casó con <u>Hannah</u>
         a. Ellos tuvieron 4 hijos
   C. Educación/Comercio
      1. Nació esclavo y propiedad de Henry <u>Sharp</u>
         *Henry Sharp era un diácono de una iglesia bautista en el condado de Burke, Virginia
      2. Fue <u>liberado</u> por su amo en 1778 justo antes de la Guerra Revolucionaria, para poder continuar su ministerio de predicación
         *Después de la muerte del Sr. Sharp en 1778, algunos de la familia Sharp trataron de esclavizarlo de nuevo, pero después de un corto tiempo en la cárcel pudo presentar la documentación adecuada para demostrar su libertad.

II. **Afiliación del Ministerio**
   A. <u>Bautista</u>

III. **Experiencia y Entrenamiento del Ministerio**
   A. Él y su amo el Sr. Sharp <u>asistieron</u> a la misma iglesia Bautista donde George aceptó a Jesucristo como su Salvador en 1773
      *Fue bautizado por el pastor Matthew Moore (un hombre blanco)
   B. Fue <u>ordenado</u> en 1775 y comenzó a predicar a los esclavos por el río Savannah después de su conversión con la bendición de su amo
      1. Fue el primer hombre negro ordenado como pastor Bautista en América
      2. Ayudó a plantar la semilla para la primera iglesia Bautista Afroamericana en Silver Bluff, Carolina del Sur

IV. **Llamado del Ministerio**
  A. Después de su conversión, se <u>preocupó</u> por las necesidades espirituales de otros esclavos
  B. Debido al temor de ser esclavizado nuevamente, él y su familia fueron <u>evacuados</u> a Jamaica con tropas británicas en 1783
    1. Un coronel británico, Moses Kirkland, le prestó el dinero para el viaje y George le pagó el préstamo en su totalidad después de llegar a Jamaica

V. **Ubicación del Ministerio**
  A. Grupo de Personas: <u>Esclavos</u> en Virginia y Jamaica
  B. Fecha
    1. Virginia - <u>1775-1783</u> (8 años)
    2. Jamaica - <u>1783-1828</u> (45 años)

VI. **Viajes y Obra del Ministerio**
  A. Viajó con su familia a Kingston, <u>Jamaica</u> en 1783
    1. Trabajó con sus propias <u>manos</u> (enmarcar y transportar bienes) para pagar su deuda y apoyar a su familia y ministerio
    2. Adquirió <u>permiso</u> para predicar a los esclavos en la isla
       *Aunque obtuvo permiso para predicar, su ministerio no siempre fue bienvenido
      a. Fue encarcelado por más de 3 años por falsas acusaciones de agitar a los esclavos
    3. <u>Estableció</u> y construyó una iglesia, y la población Bautista creció mucho en toda Jamaica
    4. <u>Murió</u> en Jamaica en 1828

VII. **Estilo/Filosofía del Ministerio**
  A. Estaba preocupado por la libertad <u>espiritual</u> de los esclavos más que por su libertad <u>física</u>
  B. <u>Trabajó</u> con sus propias manos para proveer a su familia y ministerio

VIII. **Limitaciones del Ministerio**
  A. Era un hombre <u>negro</u> que a menudo enfrentaba limitaciones debido a una cultura de esclavos

IX. **Resultados del Ministerio**
   A. Su ministerio ayudó a aumentar el número de <u>Bautistas</u> en Jamaica de 8,000 en 1814 a 20,000 en 1832
   B. Su ministerio produjo <u>misioneros</u> enviados desde Jamaica a Savannah, Georgia, Nueva Escocia, y Sierra Leona
   C. Su predicación e influencia ayudó a <u>eliminar</u> la esclavitud en Jamaica en 1832

LECCIONES PARA APRENDER

♦ Cada creyente debe tener una pasión por las necesidades espirituales de los perdidos a su alrededor

♦ Dios puede usar circunstancias adversas para dirigir a un misionero a un pueblo necesitado

♦ Un misionero no debe buscar a para cambiar la política, sino reconocer que la política cambia a medida que el Evangelio cambia las vidas

REFERENCIAS

1. "Black Church Figures You Should Know - George Lisle," Jude 3 Prodject, last modified Julio 22, 2016 http://www.jude3project.com/blog/2016/6/22/black-church-figures-you-should-know-george-lisle.

2. Sernett, Milton. "Liele, George (c. 1750-1828)," Biographical Dictionary of Christian Missions, ed. Gerald H. Anderson (New York: Macmillan Reference USA, 1998), reimpreso por la School of Theology, History of Missiology, accedido Agosto 2, 2018, https://www.christianitytoday.com/history/issues/issue-62/expatriate-option.html.

3. Alan Neely, *"Liele, George,"* in Biographical Dictionary of Christian Missions, ed. Gerald H. Anderson (New York: Macmillan Reference USA, 1998), reimpreso por la School of Theology History of Missiology, accedido Agosto 2, 2018, http://www.bu.edu/missiology/missionary-biography/l-m/liele-george-c-1750-1828/.

4. Hildreth, Lesley. "Missionaries You Should Know: George Liele," imb, accedido agosto 3, 2018, https://www.imb.org/2018/06/26/missionaries-you-should-know-george-liele/.

5. Weber, Jeremy. "Was First U.S. Missionary Black Not White? SBC Dodges Answer," Christianity Today, última actualización Julio 20, 2012, https://www.christianitytoday.com/news/2012/june/was-first-us-missionary-black-not-white-sbc-dodges-answer.html.

William (Guillermo) Carey
(1761-1834)
India

"Espere grandes cosas, intente grandes cosas."

"La gente del mundo necesita a Cristo."

*"Si es el deber de todos los hombres creer en el Evangelio
... entonces es deber de aquellos a quienes se les confió el Evangelio
esforzarse por darlo a conocer entre todas las naciones."*

*"Si el mandato dado a los apóstoles para enseñar a todas las naciones
no era obligatorio para todos los ministros sucesivos hasta el fin del mundo,
viendo que la promesa acompañante era de la misma magnitud."*

"El campo es el mundo."

*"Estoy en una tierra extraña,
sin amigos cristianos, una gran familia y nada para satisfacer sus necesidades.
Bueno, tengo a Dios, y su palabra es segura."*

"Puedo perseverar."

"Puedo perseverar en cualquier búsqueda definitiva."

"No hay nada notable en lo que he hecho.
Solo ha requerido paciencia y perseverancia."

"Sr. Duff, ha estado hablando sobre el Dr. Carey, el Dr. Carey;
cuando me vaya, no diga nada sobre el Dr. Carey,
– ¡hable del Salvador del Dr. Carey!"

I. **Historia Personal**
   A. País de nacimiento - Northamptonshire, <u>Inglaterra</u>
   B. Familia
      1. Su familia era <u>anglicana</u>
      2. Su padre era tejedor, pero se convirtió de ser <u>maestro</u> de escuela cuando Carey tenía 6 años, lo que le proporcionó una educación básica
      3. Se casó con <u>Dorothy</u> Plackett en 1781
         *Él tenía 19 años y Dorothy tenía 25 años
         *Estuvieron casados por 26 años
         a. Dorothy era una mujer <u>sencilla</u>, sin educación
         b. Tenían <u>7</u> hijos
            *Los Carey viajaron a la India con sus 3 hijos y con Dorothy embarazada de Jabes
            (1) Ann - Murió a los 2 años, en Inglaterra, en 1783
            (2) Felix
            (3) William Jr.
            (4) Peter - Murió de malaria, a los 5 años, en India, en 1794
            (5) Lucy - Murió de bebé en Inglaterra, en 1792
            (6) Jabes
            (7) Jonathan
         c. Dorothy no estaba de <u>acuerdo</u> con los planes de William de mudarse a la India, y luchó mucho con las pruebas que enfrentaron, incluida la pérdida de sus hijos
            (1) Después de la muerte de Peter, puso inestable mentalmente y emocionalmente, haciendo acusaciones públicas contra William y atacandole físicamente a William
            (2) La mantuvieron confinada durante 12 años antes de su muerte en 1807 (tenía 51 años)

4. Se casó con <u>Charlotte</u> Rumohr en 1808
*Él tenía 46 años y Charlotte tenía 47 años
*Estuvieron casados por 13 años
*Charlotte se mudó a la India debido a problemas de salud y William se convirtió en su tutora siete años antes de la muerte de Dorothy, y William y Charlotte se casaron poco después de la muerte de Dorothy, después de recibir la aprobación de otros misioneros. Permanecieron casados hasta la muerte de Charlotte en 1821
5. Se casó con <u>Grace</u> Hughes en 1823
*Él tenía 62 años y Grace tenía 45 años
*Estuvieron casados por 11 años
*Grace era viuda cuando William se casaron, y ella fue su fiel compañera durante once años hasta la muerte de William

C. Educación/Comercio
1. Recibió una educación <u>básica</u> porque su padre era maestro de escuela
2. Comenzó a <u>leer</u> The Voyages of Captain Cook (Viajes del Capitán Cook) cuando era niño, y se interesó por la geografía y las ciencias naturales
3. Se convirtió en <u>aprendiz</u> de zapatero a los 16 años, en Hackleton
4. Se mudó a Moulton para convertirse en <u>maestro</u> de escuela en 1785, mientras continuaba su trabajo como zapatero

II. Afiliación del Ministerio
A. <u>Anglicano</u>
B. <u>Congregacionalista</u>
C. <u>Bautista</u>
D. La <u>Sociedad</u> <u>Bautista</u> <u>Particular</u> para Propagar el Evangelio Entre los Gentiles (Sociedad Misionera Bautista)

III. Experiencia y Entrenamiento del Ministerio
A. Se convirtió a <u>pastor</u> de una pequeña iglesia Bautista en Moulton en 1786
*La familia Carey sufrió muchas dificultades financieras y físicas mientras estaba en Inglaterra
1. Construyó un <u>globo</u> de cuero para mejorar su enseñanza de geografía

2. Diseñó un <u>mapa</u> detallado con nombres específicos y detalles de cultura y religión

3. Estudió varios <u>idiomas</u>: latín, griego, hebreo, holandés, italiano

B. Fue <u>ordenado</u> ministro Bautista en 1787

IV. Llamado del Ministerio

A. Mientras aprendía como zapatero, fue influenciado por otro aprendiz y se unió a una iglesia <u>Congregacionalista</u> en Hackleton

B. Mientras buscaba más verdad espiritual, comenzó a caminar 5 millas desde Hackleton hasta Olney, donde fue influenciado por los <u>Bautistas Particulares</u>, y fue bautizado en 1783

C. Fue muy influenciado por la <u>lectura</u> de libros escritos por Philip Doddridge, Andrew Fuller y John Sutcliff cuando desafiaron el hipercalvinismo y presentaron la importancia de la proclamación del Evangelio

D. Fue desafiado por el testimonio de los primeros misioneros de <u>Moravia</u>

E. Aceptó la llamada de Dios a las misiones después de leer el *The Last Voyage of <u>Captain</u> <u>Cook</u>* (*El Último Viaje del Capitán Cook*)

F. Se sintió muy animado por la vida y los diarios de David <u>Brainerd</u>

G. <u>Publicó</u> *An Inquiry into the Obligations of Christians to Use Means for the Conversion of the Heathens* (*Una Investigación Sobre las Obligaciones de los Cristianos de Usar Medios para la Conversión de los Paganos*) en 1792

H. <u>Predicó</u> un mensaje de Isaías 54:2-3 en la Asociación de Ministros Bautistas en 1792 en el que dijo: "Espera grandes cosas ... intento grandes cosas"

*Su mensaje y celo no fueron bien recibido por todos los pastores y fue interrumpido por un pastor mayor que dijo "¡Joven, siéntate! Eres un entusiasta Cuando Dios quiera convertir a los paganos, lo hará sin consultarnos ni a ti ni a mí"

I. <u>Participó</u> en la formación de la *Sociedad Bautista Particular para la Propagación del Evangelio entre los Paganos* (*Sociedad Misionera Bautista*) en 1972

*Esta fue la primera sociedad misionera Bautista formada y ha servido como una motivación y modelo para la cooperación en la Gran Comisión por muchas generaciones

V. **Ubicación del Ministerio**
   A. Grupo de Personas - Ciudadanos <u>Indios</u> en Calcutta y Serampore
   B. Fecha - <u>1793-1834</u> (41 años)

VI. **Viajes y Obra del Ministerio**
   A. Viajó a Calcuta, <u>India</u> en 1793
      1. Viajó con su esposa Dorothy, que estaba embarazada, sus 3 hijos, y el Dr. John <u>Thomas</u>, su compañero de trabajo
         a. Dorothy se <u>negó</u> a ir a la India por un tiempo, pero después de mucho tiempo y mucha persuasión, se unió a su esposo, aunque nunca apoyó la decisión
         b. El Dr. John Thomas tenía muchas dificultades con las <u>finanzas</u> y, aunque era un buen médico, sus decisiones financieras afectaron en gran medida a la familia Carey y al ministerio
         c. Llegaron a la India sin <u>permiso</u> de viaje ni permiso para ministrar en las colonias inglesas
      2. Debido a un cálculo erróneo de sus necesidades financieras, aceptó un puesto como <u>director</u> de una plantación de añil en Mudnabati, Bengala, en 1794
         *Durante este tiempo, rechazó la ayuda financiera de su sociedad de misión debido a sus nuevos ingresos
         *Su misión, incluido el Sr. Fuller, estaba muy preocupado por la distracción del trabajo secular
         a. Él ministró públicamente <u>predicando</u> y enseñando
         b. Él ministró en privado al trabajar en su primera <u>traducción</u> de la Biblia
      3. Su hijo Peter <u>murió</u> a la edad de 5 años en 1794
         *La muerte de Peter parece haber sido el evento que abrumó a Dorothy y comenzó sus luchas mentales y emotivas
      4. Él y su familia viajaron a <u>Malda</u> en las Navidades por unas cortas vacaciones en 1794
         *Este viaje pareció ayudar por un tiempo, pero los efectos calmantes no duraron mucho

5. La condición mental y emocional de Dorothy se deterioró y comenzó a hacer acusaciones públicas y ataques personales contra William en 1795
    *Ella estuvo confinada durante la mayoría de los últimos 12 años de su vida

6. Aceptó una invitación para mudarse a Serampore, una colonia danesa cerca de Calcuta, en 1800
    *Debido a que Serampore era un asentamiento danés, tenían libertad ministerial y no necesitaban solicitar permisos

    a. Se mudó a trabajar con Joshua Marshman y William Ward
        *Los Marshman y el Sr. Ward llegaron a la India en 1799
        *Trabajó con estos dos hombres como equipo para la mayoría de su ministerio
        (1) Joshua y Hannah Marshman fueron maestros
            *Los Marshman abrieron una escuela para enseñar a los niños
        (2) William Ward era una impresora
            *William Ward instaló una imprenta que utilizaba para producir Biblias y literatura espiritual, así como proporcionar ingresos adicionales para el equipo a través de contratos con el gobierno

    b. Él bautizó a su primer converso, Krishna Pal, en 1800 después de 7 años de labor misionera
        (1) Krishna Pal era carpintero quien escuchó por primera vez el evangelio de los moravos
        (2) Después del bautismo, se produjeron disturbios públicos que causaron gran preocupación al gobierno local
        (3) Krishna Pal fue de gran ayuda para el ministerio hasta su muerte en 1822

    c. Publicó su primera copia del Nuevo Testamento en bengalí en 1801

    d. Fue nombrado profesor de lenguas bengalíes y de Sanskirt (Sánscrito) en Fort William College, en Calcuta, debido a la tensión política y las influencias de la Compañía de las Indias Orientales en 1801

    e. Usó nuevos misioneros y creyentes hindúes para establecer varias estaciones de misión en toda su área de India
        (1) Cutwa en 1804

(2) Calcuta - 1805

(3) Muchas otras ciudades tenían centros misioneros iniciados o visitas de ministros cristianos

f. Recibió un <u>Doctorado</u> de <u>Divinidad</u> honroso de la Universidad de Brown, en los Estados Unidos en 1807

g. Su trabajo de traducción y la imprenta fueron <u>destruidas</u> por un incendio en 1812

*Dios le permitió producir mejores traducciones, en un período de tiempo más corto después del incendio

h. Él y los Marshman abrieron el <u>Serampore</u> College en 1818 como una escuela de divinidad para ciudadanos indios

i. Sus últimos años de ministerio se llenaron de <u>disensión</u> entre los misioneros y lo llevaron a separar la misión de Serampore de la misión con base en Londres en 1827

j. Él y sus colaboradores tradujeron la Biblia completa en <u>6</u> idiomas y partes de la Biblia en otros <u>209</u> idiomas en el momento de su muerte

*También publicaron muchos otros libros de gramática y educación que ayudaron a los futuros traductores, así como a los indios

(1) Bengalí

(2) Oriya

(3) Marathi

(4) Hindi

(5) Asamés

(6) Sánscrito

k. Murió mientras dormía, en <u>Serampore</u>, India en 1834

VII. Estilo/Filosofía del Ministerio

A. Se dio <u>cuenta</u> y le <u>apasionaba</u> el mandato bíblico de que todos los hombres mujeres, niños, y niñas deberían tener la oportunidad de escuchar el Evangelio y ser salvos

*Su motivación no se centró en la compasión por las personas tanto como en la obediencia al mandato de Dios de compartir el Evangelio

B. Ministró con <u>compañeros</u> de trabajo la mayor parte de su ministerio

C. <u>Trabajó</u> para mantener a su familia mientras hacía el trabajo del ministerio

D. Trabajó diligentemente para aprender idiomas nativos para que pudiera traducir e imprimir Biblias y literatura Cristiana
*Continuó aprendiendo la mayor cantidad de idiomas posible a lo largo de su vida para poder traducir y comunicar adecuadamente la Palabra de Dios a los nacionales

E. Creía que los creyentes indios podían alcanzar mejor al pueblo indio, por lo que estableció puestos de avanzada indios donde los creyentes indios podrían trabajar juntos bajo la guía de los misioneros

F. Estableció una escuela de educación superior tanto para capacitar a los creyentes para el evangelismo como para compartir el conocimiento tecnológico del Occidente

G. Se enfrentó a los males culturales al no honrar el sistema de reparto, enseñando contra el sacrificio de niños y la quema de viudas junto con los cuerpos de sus maridos

VIII. **Limitaciones del Ministerio**

A. Su esposa, Dorothy, no estaba de acuerdo con su esposo sobre mudar a la familia a la India

B. Se mudó a la India sin permisos gubernamentales porque no había libertad para que los misioneros evangelizaran a los nacionales en ese momento
1. Él y sus compañeros de trabajo no pudieron recibir la ayuda normal brindada por el gobierno de Inglaterra para los ciudadanos que viven en la India
2. Él y sus compañeros de trabajo tuvieron que ocultar continuamente su verdadero propósito de estar en la India

C. Él, su familia, y su compañero de trabajo, el Dr. Thomas, vivían en la pobreza debido a un cálculo erróneo de los fondos necesarios y la falta de fondos de la sociedad de la misión

D. En los primeros años del ministerio, tuvo muchos conflictos sociales debido a las prácticas gubernamentales, culturales y paganas

E. Pasaron 7 años antes de que el primer converso se salvara y bautizara en 1800

F. La última parte de su ministerio estuvo cargada con la división dentro de los misioneros y las sociedades misioneras

IX. **Resultados del Ministerio**
  A. Su ministerio motivó a muchos creyentes en Inglaterra a participar en misiones mundiales a través de testimonios y escritos
  B. *La Sociedad Bautista Particular para Propagar el Evangelio Entre los Gentiles* (*Sociedad Misionera Bautista*) ha servido como una motivación y modelo para la cooperación en la Gran Comisión por muchas generaciones
  C. Su dedicación a la traducción de la Biblia para aquellos que no tienen una Biblia en su propio idioma ha sido un ejemplo para muchos ministerios de traducción de la Biblia
  D. Su ministerio fue la semilla para el trabajo misionero en toda la India
    1. Tenía a 30 misioneros trabajando con él
    2. Tenía a 40 ciudadanos indios enseñando
    3. Tenía 45 estaciones de misión o subestaciones
    4. Tenía aproximadamente 600 miembros de iglesia
  E. Su influencia espiritual afectó en gran medida la cultura y las influencias sociales en la India, incluyendo el fin del infanticidio, la quema de viudas y los suicidios asistidos
  F. El Serampore College continúa enseñando a estudiantes indios hoy

LECCIONES PARA APRENDER

♦ La causa de las misiones no debe cumplirse por las emociones de las personas, sino por la obediencia a Dios

♦ Es importante que las iglesias y los creyentes trabajen juntos por la causa del cumplimiento de la Gran Comisión a través de los esfuerzos misioneros

♦ La familia misionera debe ser considerada como parte del esfuerzo misionero ya que cada miembro será llamado a sacrificar mucho

♦ La diligencia y la fidelidad son un requisito para el trabajo misionero tanto para cumplir el ministerio espiritual como para satisfacer las necesidades físicas

♦ Es posible que los resultados espirituales no se realicen durante años después de que haya empezado la predicación y que la comunidad no los reciba bien

♦ La Biblia y la literatura Cristiana deben estar disponibles en el idioma de las personas que el misionero está tratando de alcanzar

♦ Grandes pérdidas deben ser aceptadas con mucha fe de que Dios producirá un mejor resultado al final

REFERENCIAS

1. Cardoza-Orlandi, Carlso and González, Justo, *To All Nations from All Nations.* Nashville, Tennesse: Abingdon Press, 2013. 210-223

2. Encyclapaedia Brtannica. "William Carey," Encyclopedia Britannica Online, accedido Agosto 8, 2018, https://www.britannica.com/print/article/95736.

3. Severance, Diane, PH. D. "William Carey's Amazing Mission," Christianity.com, publicado Abril 28, 2010, https://www.christianity.com/church/church-history/timeline/1701-1800/william-careys-amazing-mission-11630319.html

4. Beck, James R. "Dorothy's Devastating Delusions," Christianity Today, accedido Mayo 24, 2018, https://www.christianitytoday.com/history/issues/issue-36/dorothys-devastating-delusions.html. 5/24/2018

5. Tucker, Ruth. "William Carey's Less-than-Perfect Family Life," Christianity Today, accedido Mayo 24, 2018, https://www.christianitytoday.com/history/issues/issue-36/william-careys-less-than-perfect-family-life.html.

6. Galli, Mark. "William Carey: The Christian History Timeline," Christianity Today, accedido Mayo 24, 2018, https://www.christianitytoday.com/history/issues/issue-36/william-carey-christian-history-timeline.html.

7. Galli, Mark, "The Man Who Wouldn't Give Up," Christianity Today, accedido Mayo 24, 2018, https://www.christianitytoday.com/history/issues/issue-36/man-who-wouldnt-give-up.html

8. "William Carey," Christianity Today, accedido Agosto 8, 2018, https://www.christianitytoday.com/history/people/missionaries/william-carey.html.

9. "William Carey – Biographies and Information," WholesomeWords.org, accedido Agosto 8, 2018, https://www.wholesomewords.org/biography/biorpcarey.html. 8/8/2018

10. Royer, Galen. "William Carey: The Father of Modern Missions," Christian Heroism in Heathen Lands, Brethren Publishing House, 1915, copiado por WholesomeWords.org, accedido Agosto 8, 2018, https://www.wholesomewords.org/missions/bcarey3.html.

11. Barlow, Fred. "William Carey: Missionary-Evagelist," Profiles in Evangelism, Sword of the Lord Publishers, 1976, copiado por WholesomeWords.com, accedido Agosto 8, 2018, https://www.wholesomewords.org/missions/bcarey1.html.

12. Koteskey Ronald, Dr. "Missionary Marriage Issues: What about Charlotte?," Missionarycare.com, accedido Mayo 24, 2018, http://www.missionarycare.com/what-about-charlotte.html?tmpl=component&print=1.

13. "Carey, William (1761-1834)," Biographical Dictionary of Christian Missions, 1998, reimpreso por la School of Theology, History of Missiology, accedido Mayo 23, 2018, http://www.bu.edu/missiology/missionary-biography/c-d/carey-william-1761-1834/.

14. Imagen de William Carey, *BU School of Theology History of Missiology*, accedido Mayo 23, 2018,
http://www.bu.edu/missiology/missionary-biography/c-d/carey-william-1761-1834/.

James (Santiago) Thomson
(1788-1854)
Las Américas, El Caribe, España

"... los hombres que serán más útiles en Sudamérica,
son hombres verdaderamente religiosos y de sana moralidad."

I. **Historia Personal**
   A. País de nacimiento - Creetown, Kirkcudbright, Escocia
   B. Familia
      1. Nació en una familia religiosa que estaba activa en la iglesia Presbiteriana en Kirkmabreck
      2. Se casó con Mary Morrish en 1827
         a. Sus 2 hijas murieron después de haber nacido en México
         b. Mary murió en Madrid, España, en 1849 debido a la gripe
   C. Educación/Comercio
      1. Poco se sabe de su educación temprana, pero en 1817 pudo tener sus devocionales en francés

II. **Afiliación del Ministerio**
   A. Se transfirió de la iglesia Presbiteriana para trabajar con la iglesia Congregacionalista/Bautista naciente de Haldanes
   B. The British and Foreign Bible Society (La Sociedad Bíblica Británica y Extranjera)
   C. The Colombian Bible Society (La Sociedad Bíblica Colombiana)
      *Él ayudó en empezar esta sociedad

D. The <u>French-Canadian</u> Missionary Society (La Sociedad Misionera Franco-Canadiense)

*Él ayudó en empezar esta sociedad

E. The <u>Spanish</u> Evangelization Society (La Sociedad Española de Evangelización)

*Él ayudó en empezar esta sociedad

III. **Experiencia y Entrenamiento del Ministerio**

A. Estudió <u>medicina</u> durante 2 años en Edimburgo

B. Estudió <u>teología</u> en Glasgow

C. Regresó a Edimburgo para ministrar como <u>co-pastor</u> con James Haldane en el Tabernáculo de Leith Walk

D. Estudió <u>educación</u> en las escuelas de Borough Road, en Londres, 1818

IV. **Llamado del Ministerio**

A. Es posible que se hubiera conocido o al menos hubiera oído hablar de James <u>Haldane</u> cuando era un adolescente y que puede haber influido a él en sus perspectivas espirituales

B. En 1817 planeaba viajar para unirse a Robert <u>Haldane</u> en Montauben, Francia, pero esto nunca sucedió

V. **Ubicación del Ministerio**

A. Grupo de Personas - Personas de habla <u>hispana</u> y <u>francesa</u> de las Américas y Europa

B. Fecha

1. América Central y del Sur - <u>1818-1830</u>, 1842-1844 (14 años)
2. Caribe - <u>1831-1838</u> (7 años)
3. Canadá - <u>1838-1842</u> (4 años)
4. España - <u>1847-1849</u> (2 años)

VI. **Viajes y Obra del Ministerio**

A. Viajó a Buenos Aires, <u>Argentina</u> en 1818

*Su viaje a Argentina fue financiado por su iglesia local, Leith Walk Tabernacle

*Sudamérica atravesaba un momento de transición y revolución a medida que los diferentes países intentaban establecer su independencia y establecer nuevos gobiernos

1. Viajó a Argentina con otros 9 trabajadores que tenían documentos <u>legales</u> de la corona británica
   *En ese momento, la libertad religiosa aún no estaba establecida en Argentina
2. Ayudó a establecer la <u>educación</u> pública en Argentina utilizando el sistema de Lancaster que hizo de la Biblia el centro de la educación

B. Viajó a <u>Uruguay</u> en 1821
C. Viajó a <u>Chile</u> en 1821
   1. Ayudó a establecer la <u>educación</u> pública en Chile desde 1821-1822
D. Viajó al <u>Perú</u> en 1822
   1. Ayudó a establecer la <u>educación</u> pública en Perú desde 1822 hasta 1824
E. Viajó a Bogotá, <u>Colombia</u> en 1825
   1. Fue el <u>primer</u> misionero protestante en Colombia
   2. Pudo establecer la *Colombian Bible Society (La Sociedad Bíblica Colombiana)* con la ayuda del gobierno y la iglesia Católica Romana
F. Regresó a <u>Inglaterra</u> en 1825
   1. Fue nombrado <u>representante</u> oficial de la *British and Foreign Bible Society (Sociedad Bíblica Británica y Extranjera)* a fines de 1824
   2. Durante su tiempo en Inglaterra, desarrolló una amistad con la comunidad <u>española</u> en Londres
G. Viajó a <u>México</u> en 1827
   1. Trabajó como agente de la *SBBE* y trabajó para comenzar la <u>traducción</u> de la Biblia a varios dialectos mexicanos
   2. Sirvió como <u>miembro</u> de la Junta de Educación del Gobierno
H. Regresó a <u>Inglaterra</u> en 1830 por un breve tiempo
I. Viajó en el <u>Caribe</u> desde 1831 hasta 1938
   1. <u>Representó</u> a *SBBE* y estableció la sede para la distribución de Biblias
J. Viajó en <u>Canadá</u> desde 1838-1842
   1. <u>Representó</u> a *SBBE* y estableció la sede para la distribución de Biblias
   2. Ayudó a <u>establecer</u> la *French-Canadian Missionary Society (La Sociedad Misionera Franco-Canadiense)* en 1839
   3. Terminó su formación <u>médica</u> de la Universidad McGill en Montreal en 1842

K. Viajó a <u>México</u> en 1842
  1. Se <u>enfermó</u> gravemente en 1844 mientras estaba en Yucatán y tuvo que regresar a Inglaterra
L. Regresó a <u>Inglaterra</u> en 1844
  1. <u>Representó</u> al SBBE en Escocia en 1845
M. Viajó a <u>España</u> en 1847
  1. <u>Representó</u> al *SBBE*
  2. <u>Viajó</u> a África del Norte y Portugal
  3. Su esposa <u>murió</u> mientras estaba en España, lo que lo llevó a abogar por la libertad religiosa después de no poder encontrar un lugar adecuado para enterrarla
N. Regresó a <u>Inglaterra</u> en 1849
  1. Trabajó para ayudar a los creyentes protestantes en la península Ibérica
  2. Organizó reuniones de <u>evangelización</u> para personas de habla hispana durante la Gran Exposición, en 1851
  3. Ayudó a <u>fundar</u> la *Spanish Evangelization Society* (*La Sociedad Española de Evangelización*) que se organizó oficialmente en 1855 (el año siguiente a su muerte)
  4. <u>Murió</u> en Inglaterra en 1854

VII. **Estilo/Filosofía del Ministerio**
A. Estaba dedicado a la distribución de <u>Biblias</u> en el idioma de los nacionales
  1. Creía en el método de <u>distribución</u> gratuita de la *Sociedad Bíblica* sin requisitos específicos
  2. Él creía que la Biblia era la base de la <u>unidad</u> cuando se proporcionaba sin notas ni comentarios
  3. Él creía que la Biblia era el mejor medio para la mejora <u>moral</u> y <u>religiosa</u>
B. Se unió a los líderes liberales <u>Católicos</u> locales con el propósito de promover su causa de distribución de la Biblia y educación
C. Él creía y enseñaba que la luz de la sociedad era un <u>trípode</u>
  1. La sociedad <u>escolar</u>
  2. La sociedad de la <u>Biblia</u>
  3. La sociedad <u>misionera</u>

VIII. **Limitaciones del Ministerio**

A. Creía que los <u>apócrifos</u> debían publicarse con la Biblia canónica para que el Católico lo recibiera más fácilmente y lo ayudara en el trabajo de distribución en Sudamérica (el SBBE no estuvo de acuerdo y no lo imprimió)

B. Parecía ser muy sensible al <u>clero</u> Católico y trabajó con ellos en muchos de sus proyectos en Sudamérica

*Algunos sugieren que trabajó con los Católicos Romanos porque sabía que abriría las puertas para compartir las Escrituras en toda Sudamérica

C. Creía en diferentes estilos de <u>bautismo</u>, incluido el bautismo de infantes

IX. **Resultados del Ministerio**

A. Su <u>base</u> de educación organizada ha continuado en muchos países del centro y sur de América

B. Su deseo de <u>traducción</u> de la Biblia ayudó a producir la Biblia o partes de ella en muchos idiomas

1. Quechua - 1842
2. Aymará - 1826
3. Náhuatl - 1828
4. Criollo Haitiano - 1835
5. Mixteco, Otomí Tarasco, Zapoteco - 1842
6. Maya - 1843
7. Chippewa - 1830
8. Cree - 1839
9. Catalán, vasco, español - 1847-1849

LECCIONES PARA APRENDER

♦ La disponibilidad de Biblias en la lengua nativa es clave para los esfuerzos misioneros

♦ La organización es necesaria para la distribución de literatura espiritual y Biblias con el propósito de evangelismo y edificación

♦ Las sociedades y las culturas se ven mejor influenciadas por aquellos que tienen acceso y obedecen la Biblia

♦ Los misioneros deben equilibrar adecuadamente las creencias doctrinales con las prácticas culturales

REFERENCIAS

1. Cardoza-Orlandi, Carlso and González, Justo, *To All Nations from All Nations.* Nashville, Tennesse: Abingdon Press, 2013. 369, 377, 385

2. Mitchell, Bill."Diego Thomson: A study in Scotland and South America (1818-1825)," Jamesdiegothomson.com, accedido Agosto 3, 2018, http://www.jamesdiegothomson.com/diego-thomson-a-study-in-scotland-and-south-america-1818-1825/.

3. Mitchel, Bill. "James Diego Thomson," Jamesdiegothomson.com, accedido Agosto 3, 2018, http://www.jamesdiegothomson.com/about/.

4. Imagen de James Thompson, *Editorial CLIE*, https://www.clie.es/autor/thompson-james-diego

ADONIRAM JUDSON
(1788-1850)
BIRMANIA

"¡Tan brillantes, señores, como las promesas de Dios!"

"Señor, déjame terminar mi trabajo.
Ahórrame lo suficiente como para poner tu Palabra salvadora
en manos del pueblo que muere."

I. **Historia Personal**

    A. País de nacimiento - Massachusetts, Estados Unidos de América

    B. Familia

        1. Nació en un hogar de pastor congregacionalista

        2. Se casó con Ann Haseltine en 1812 (justo antes de su partida a la India)

        *Ellos estuvieron casados por 14 años

          a. Tuvieron 3 hijos que murieron cuando eran bebés

          b. Ann murió de viruela en 1826 (36 años)

        3. Se casó con Sarah Hall Boardman en 1834

        *Él tenía 46 años y Sarah tenía 31 años

        *Él estuvieron casados por 9 años

          a. Sarah era la viuda de George Dana Boardman

          b. Sarah era una talentosa lingüista y maestra

          c. Sarah murió en 1845 en camino a los Estados Unidos debido a la mala salud después de dar a luz a su octavo hijo (42 años)

4. Se casó con <u>Emily</u> Chubbock en 1846

   *Él tenía 58 años y Emily tenía 29 años

   *Ellos estuvieron casados por 4 años

   a. Se conocieron en la Universidad de <u>Madison</u> en Nueva York

   b. Emily era <u>escritora</u> y <u>maestra</u>

   c. Viajaron a <u>Birmania</u> juntos el mismo año de su matrimonio

C. Educación/Comercio

   1. Fue criado en un hogar de <u>pastor</u> y enseñado diligentemente por su madre

      a. Aprendió a <u>leer</u> a la edad de 3 años

      b. Aprendió <u>griego</u> a la edad de 12 años

   2. Se graduó de la Universidad de <u>Brown</u> en 1807 con honores de valedictorian

      a. Mientras estuvo en la Universidad de Brown, estuvo bajo la influencia de un Deísta con el nombre de Jacob Eames

      b. Debido a la influencia de Jacob Eames, Judson se apartó de la fe por un tiempo después de graduarse de la Universidad de Brown

   3. Abrió una <u>escuela</u> llamada Plymouth Independent Academy

      *Escribió 2 libros para ayudar en la educación

   4. Viajó a Nueva York para escribir para el <u>escenario</u>, pero falló y regresó a casa

II. **Afiliación del Ministerio**

A. <u>Congregacionalista</u>

B. The <u>Massachusetts</u> General Association (La Asociación General de Massachusetts)

C. The <u>American</u> Board of <u>Commissioners</u> for <u>Foreign</u> Missions (La Junta de Comisionados Americanos para Misiones Extranjeras)

D. <u>Bautista</u>

III. **Experiencia y Entrenamiento del Ministerio**

A. Se graduó del Seminario Teológico de <u>Andover</u> en 1810

   1. Hizo una profesión pública de <u>fe</u> en 1809

B. Fue <u>licenciado</u> para predicar en 1810 como Congregacionalista por la *Asociación Congregacionalista de Orange, Vermont* con el propósito de ingresar al pastorado (pero su corazón se centró en el trabajo misionero)

C. Se presentó junto con Samuel Newell, Samuel Nott, Jr. y Gordon Hall a la *Asociación General de Massachusetts para el trabajo misionero que resultó en la formación de la Junta de Comisionados Estadounidenses para Misiones Extranjeras*
   1. Judson junto con sus compañeros de trabajo fueron comisionados como misioneros Congregacionalistas en 1812

IV. **Llamado del Ministerio**
   A. Él fue muy influenciado por un brillante Deísta por Jacob Eames mientras estuvo en la Universidad de Brown y se separó de su religión y sus padres por un tiempo
      1. Creyendo que los argumentos inteligentes de Jacob Eames eran correctos, Judson rechazó la idea de un Dios sobrenatural y una vida después de la muerte
      2. Durante este tiempo, Adoniram eligió mudarse a Nueva York para buscar fama escribiendo para el escenario
      3. Cuando falló en Nueva York, mientras viajaba de regreso a casa, pasó la noche en un hotel al lado de un hombre que falleció. Las paredes eran delgadas y Judson podía oír al hombre dolorido y pensó mucho en el futuro eterno de un hombre así. Por la mañana se enteró de que el hombre que murió era su amigo Jacob Eames y que se había despertado a su necesidad personal de buscar a Dios. Esta búsqueda lo llevó a asistir al Seminario Teológico de Andover.
   B. Su interés en las misiones comenzó en 1809 cuando era estudiante en Andover después de leer el sermón de Claudius Buchanan, *The Star in the East* (*La Estrella en el Este*)
   C. Se unió a un grupo de estudiantes que se reunieron para estudiar y orar por las misiones, conocido como *The Haystack Prayer Meeting* (*La Reunión de Oración de Almiar*), mientras estaba en el Williams College en 1806
   *Samuel Mills, Nott, Newell, Hall, Luther Rice

V. **Ubicación del Ministerio**
   A. Grupo de Personas - Gente Birmania
   B. Fecha - 1822-1850 (28 años)

VI.   **Viajes y Obra del Ministerio**

A.   Viajó a Inglaterra para pedirle a la *London Missionary Society* (*Sociedad Misionera de Londres*) que ayudara a la *Junta de Estados Unidos* a enviar misioneros en 1811

   1.   Fue <u>cautivado</u> corsarios franceses mientras se dirigía a Londres y estuvo prisionero por un tiempo en Bayona

   2.   Debido a muchos sentimientos políticos y perjudiciales contra los Estados Unidos, *The London Missionary Society* (*Sociedad Misionera de Londres*) <u>rechazó</u> la solicitud de Judson y los estadounidenses

B.   Él, Ann y sus compañeros de trabajo viajaron a Calcuta, <u>India</u> en 1812

   1.   Fue <u>ordenado</u>, <u>casado</u> y se fue al <u>campo</u> misionero en menos de 2 semanas

   2.   Estudió el tema del <u>bautismo</u> durante el viaje de cuatro meses, sabiendo que se encontraría con el misionero bautista William Carey, y se convenció en la enseñanza bíblica del bautismo del creyente después de la salvación

      a.   Él, su esposa, y compañeros de trabajo fueron bautizados después de llegar a la India

      b.   Él renunció (con sus compañeros de trabajo) de la agencia misionera congregacionalista

      c.   Él buscó el apoyo de las iglesias Bautistas en los Estados Unidos al enviar a su compañero de trabajo, Luther Rice, de regreso a los Estados Unidos para recabar apoyo

      d.   Lutero Rice nunca regresó a Birmania, pero viajó durante muchos años creando conciencia y fondos para el ministerio de Judson, además de ayudar a establecer sociedades misioneras en todos los Estados Unidos

   3.   La Guerra de <u>1812</u> entre Inglaterra y Estados Unidos causó dificultades para él y su equipo en la India de propiedad inglesa y se vieron obligados a seguir adelante

C.   Él y sus compañeros de trabajo se vieron obligados a abandonar la India por la Compañía Británica de las Indias Orientales y se trasladaron a Rangún, <u>Birmania</u> (Myanmar) en 1813

   1.   En camino a Rangún, Ann se enfermó gravemente, pero dio a <u>luz</u>, y el primer bebé de Judson se <u>murió</u>

   2.   Al principio se quedaron con Felix <u>Carey</u> (el hijo mayor de William Carey)

3. Ann no escuchó de su casa por <u>2</u> años y la familia sufrió mucho

4. En Rangún establecieron la primera estación misionera Bautista <u>Estadounidense</u>

   a. Se enfrentaron a muchas dificultades espirituales ya que las personas estaban comprometidas con la <u>idolatría</u> a través del Budismo

   b. El <u>emperador</u> rechazó cualquier enseñanza religiosa, pero con el tiempo, a través de su conocimiento médico, Judson pudo ganar algún favor con el emperador

   c. Empezaron simplemente por llegar a los nacionales que los rodeaban e invitarlos a su <u>casa</u>

   d. Construyó un <u>zayat</u> (pequeño edificio) a lo largo de la vía pública, donde los viajeros podían entrar, descansar, y encontrar un refrigerio gratis y para poder predicarles

   e. Pudo tener su primer <u>servicio</u> público oficial en Birmania en abril de 1819, y el primer convertido de Bermese fue <u>bautizado</u> ese mismo año

   f. 18 conversos fueron bautizados y una <u>iglesia</u> comenzó en 1821

5. Durante el tiempo de Judson en Rangún, su segundo hijo, Roger, <u>nació</u> y <u>murió</u> a los 7 meses de edad

6. Judson también <u>sufrió</u> mucho por la tensión del estudio y la enfermedad

D. Ann viajó a los <u>Estados</u> <u>Unidos</u> en 1821 y volvió a estar con Adoniram en 1823

1. Ella viajó a los Estados Unidos debido a problemas de <u>salud</u>

2. Ella <u>habló</u> a menudo de su ministerio y fue recibida muy bien

3. Adoniram recibió un <u>Doctorado</u> de <u>Divinidad</u> honorífico por la Universidad de Brown en 1823

E. Se trasladó a Ava, Birmania en 1822

1. Se mudó a Ava por solicitud del <u>emperador</u> para establecer una misión cristiana en la capital y prometer que proporcionaría tierras para el trabajo

2. Fue acusado de ser un <u>espía</u> de Inglaterra y fue encarcelado por 21 meses y sufrió muchos abusos y problemas de salud, pero finalmente fue liberado debido al trabajo diligente de su esposa.

3. Ann dio a <u>luz</u> a su tercer hijo durante el encarcelamiento de Adoniram, y tanto Ann como el bebé sufrieron de inanición y enfermedades durante este tiempo

    a. Ann continuó defendiendo el caso de su marido e hizo arreglos de vivienda improvisados fuera de las cárceles donde Adoniram se mantuvo

F. Se mudó a <u>Amherst</u>, Birmania en 1826

1. La transferencia a Amherst fue para la <u>recuperación</u> de Ann y Adorniram, ya que era una ciudad costera

2. Se le pidió a Adorniram que <u>acompañara</u> al comisionado civil Británico a Ava para buscar libertades religiosas en 1826

3. Mientras Adorniram estaba en Ava, Ann murió en 1826, y el tercer hijo de Judson <u>murió</u> solamente un par de meses después de su regreso de Ava

G. Se mudó a <u>Moulmain</u>, Birmania en 1827

1. Su propósito era <u>expandir</u> su ministerio desde esta nueva ubicación

2. Comenzó a predicar al pueblo <u>Karen</u>, conocido como gente salvaje, en 1828

    a. Un cristiano nacional lo trajo a un esclavo Karen, con el nombre de Ko Tha Byu, que había sido un criminal conocido Ko aceptó a Cristo con el tiempo y se <u>convirtió</u> en un evangelista para su propia gente que comenzaron a ser receptivos al Evangelio

3. Se le unieron Jonathan Wade y el Sr. y la Sra. <u>Broadman</u>

    a. El Sr. Broadman <u>murió</u> debido al clima y la enfermedad, y la Sra. Broadman se quedó a enseñar en la escuela

    b. Después de un tiempo, la Sra. Broadman se convirtió en la segunda <u>esposa</u> de Judson y madre de sus 8 hijos
        *3 de sus hijos murieron

4. Pudo construir una <u>iglesia</u> y una escuela mientras continuaba su trabajo en la <u>Biblia</u> birmana que completó en 1834

H. Viajó a los <u>Estados</u> <u>Unidos</u> por un corto tiempo en 1845

1. Su propósito para el viaje fue la <u>salud</u> de su esposa Sarah, quien murió durante el viaje

2. Se quedó en Estados Unidos durante <u>9</u> meses porque también tuvo problemas de salud

3. Fue muy bien <u>recibido</u> en los Estados Unidos por su ministerio misionero

4. Se <u>casó</u> con su tercera esposa, Emily Chubbock, a quien conoció en la Universidad de Madison en Nueva York

I. Regresó a <u>Birmania</u> en 1846

   1. Concentró su atención en mejorar el <u>diccionario</u> birmano y terminó el trabajo en 1849
   2. Se enfermó y <u>murió</u> en un barco, en el mar, en 1850

VII. Estilo/Filosofía del Ministerio

A. Estaba dedicado a <u>estudiar</u> y <u>seguir</u> la Palabra de Dios en cada área de su vida y ministerio

B. Fue <u>evangelista</u> predicando y enseñando la Biblia tanto en privado como en público

C. Trabajó diligentemente en la <u>traducción</u> de la Biblia al idioma birmano y completó un diccionario birmano en 1842

D. Él era un <u>defensor</u> de la libertad religiosa

VIII. Limitaciones del Ministerio

A. Debido a que cambió su punto de vista sobre el <u>bautismo</u> de los creyentes y se convirtió en Bautista, dejando la agencia misionera Congregacionalista, su apoyo financiero fue muy afectado y sus condiciones de vida y oportunidades ministeriales se vieron muy afectadas en los primeros años de su ministerio en Birmania

B. Se enfrentó muchos problemas de <u>salud</u> debido a las condiciones de vida y su encarcelamiento, y perdió a muchos de sus seres queridos debido a una enfermedad

C. Fue limitado en su ministerio público debido a la falta de <u>permisos</u> gubernamentales, la falta de libertades religiosas, y una cultura pagana.

IX. Resultados del Ministerio

A. La primera *American Baptist Missionary Union* (*La Unión Misionera Bautista Americana*) se formó después de que Judson se convirtiera en Bautista y renunciara a la agencia misionera congregacionalista
*<u>Muchas</u> más sociedades misioneras se formaron cuando Lutero Rice regresó a los Estados Unidos y viajó por todo el país representando a Judson y misiones a iglesias Bautistas

B. Tradujo la <u>Biblia</u> al birmano y proporcionó un diccionario para que otros lo utilizasen en estudios de idiomas

C. Los <u>nacionales</u> que lo ayudaron en su trabajo de traducción y ministerio se convirtieron en algunos de los más grandes testigos en Birmania durante generaciones que siguieron

1. 30 años después de la muerte de Judson había 7.000 creyentes y 63 iglesias con editoriales y escuelas cristianas

2. 100 años después de la muerte de Judson había 200,000 creyentes

D. Debido a sus esfuerzos y testimonio, las libertades <u>religiosas</u> se realizaron en Birmania

El hijo de Judson, Edward, dijo, en referencia a su padre:
"El sufrimiento y el éxito van de la mano.
Si estás teniendo éxito sin sufrimiento,
es porque otros antes que tú han sufrido;
si estás sufriendo sin éxito,
es que otros después de ti pueden tener éxito."

LECCIONES PARA APRENDER

◆ Dios a menudo usa las circunstancias para guiar a un misionero a ministrar en un lugar específico

◆ La asistencia financiera y la salud física son clave para la vida y el ministerio de los misioneros

◆ La familia misionera sirve y sufre juntas

◆ Los esfuerzos del evangelista misionero pueden ser resistidos

◆ El evangelismo y la edificación comienzan con la Biblia disponible en el idioma nativo

REFERENCIAS

1. Klauber, Martin and Manetsch, Scott. *The Great Commission.* Nashville, Tennessee: B&H Publishing Group, 2008. 98-100.

2. Cardoza-Orlandi, Carlso and González, Justo, *To All Nations from All Nations.* Nashville, Tennesse: Abingdon Press, 2013. 252-254

3. Reese, Ed. "The Life and Ministry of Adoniram Judson," Christian Hall of Fame, Reese Publications, copied by WholesomeWords.org, accedido Mayo 25, 2018, https://www.truthfulwords.org/biography/judsontw.html.

4. Barlow, Fred. "Adoniram Judson: Father of Baptist Missionaries," Profiles in Evangelism, Sword of the Lord Publishers, 1976, copied by WholesomeWords.org, accedido Mayo 25, 2018, https://www.wholesomewords.org/missions/bjudson1.html.

5. Anderson, Gerald. "Judson, Adoniram (1788-1850)," Biographical Dictionary of Christian Missions, , ed. Gerald H. Anderson (New York: Macmillan Reference USA, 1998), reimpreso por la School of Theology, History of Missiology, accedido Mayo 24, 2018
    http://www.bu.edu/missiology/missionary-biography/i-k/judson-adoniram-1788-1850/.

6. Healy, George. Imagen de "Adoniram Judson," *Wikipedia*, 1846, https://en.wikipedia.org/wiki/Adoniram_Judson

Robert (Roberto) Moffat
(1795-1883)
África

"Ahora bien, si quieres, conduce tu lanza contra mi corazón;
cuando me hayas matado,
mis compañeros sabrán que ha llegado la hora de partir."

I. **Historia Personal**
   A. País de nacimiento - Ormiston, East Lothian, <u>Escocia</u>
   B. Familia
      1. Nació en una familia <u>pobre</u> pero <u>religiosa</u>
         *Cuando era adolescente, le prometió a su madre que leería un capítulo de la Biblia al día
      2. Se casó con <u>Mary</u> Smith en 1819
         a. María era la hija de James Smith, un comerciante inglés
         b. Se casaron en Ciudad del Cabo, Sudáfrica
   C. Educación/Comercio
      1. Se mudó a High Leigh, Inglaterra en su adolescencia para trabajar como aprendiz <u>agrícola</u>
      2. Se mudó a Cheshire para <u>buscar</u> trabajo
      3. Se mudó a Manchester para trabajar con un <u>comerciante</u> religioso, James Smith, en 1813

II. **Afiliación del Ministerio**
   A. <u>Metodista</u>
   B. <u>London Missionary</u> Society (Sociedad Misionera de Londres)

III. **Experiencia y Entrenamiento del Ministerio**

    A. Asistió a una escuela durante algunos meses a la edad de 11 años

    B. Pasó poco tiempo estudiando después de ser aconsejado por la *London Missionary Society* (*Sociedad Misionera de Londres*) antes de su ordenación en 1816

IV. **Llamado del Ministerio**

    A. A la edad de 4 años se arrodilló en un altar para orar y el hombre del clero menospreció a Robert porque era joven, sin embargo, un hombre eligió orar con el niño en el lugar del clérigo

    B. Durante su tiempo en Inglaterra, mientras caminaba de High Leigh a Warrenton, vio un rotulo y luego asistió a los servicios de una reunión misionera que lo llevó a reconocer la voluntad de Dios para su vida en misiones

    C. Fue ordenado en 1816
       *Él tenía 21 años

    D. Se reunió con el reverendo William Roby y se unió a la *London Missionary Society* (*Sociedad Misionera de Londres*) en 1817

V. **Ubicación del Ministerio**

    A. Grupo de Personas - Sudafricanos

    B. Fecha - 1817-1870 (53 años)

VI. **Viajes y Obra del Ministerio**

    A. Viajó a Sudáfrica en 1817

       1. Viajó a la aldea de Namaquas, donde el jefe, Jagar Afrikaner, y sus seguidores fueron convertidos
          *Jagar Afrikaner era un criminal conocido y su conversión hizo famoso a Robert

       2. Se casó con Mary Smith en 1819
          a. Mary trabajó al lado de su esposo para administrar su casa y estación de misión cuando viajaba

       3. Se movió de un lugar a otro durante 7 años debido a los disturbios causados por la guerra entre los miembros de la tribu Zulú

4. Se estableció en <u>Kuruman</u> alrededor de la gente de Bechuanas y formó una granja fértil y una estación misionera para llegar a las tribus de la zona

    a. <u>Viajó</u> extensamente a Sudáfrica enfrentando muchos peligros y pruebas durante sus años de vivir en Kuruman

    b. No vio una gran cosecha espiritual durante los primeros <u>12</u> años, y se sintió muy agobiado por sus resultados

    c. Después de <u>ayudar</u> a la gente de Bechuanas con la guerra contra las tribus Zulus, fue más respetado y comenzó a ver una asistencia más grande a sus reuniones, y muchas almas más se convirtieron.

    d. Él construyó un nuevo <u>templo</u> para la iglesia en 1829

    e. Debido a la conversión de la gente de Bechuanas, otras <u>tribus</u> circundantes comenzaron a visitar para aprender del hombre blanco, y Robert comenzó a viajar para visitar y evangelizar a esas tribus.

5. Tuvo contacto con <u>Mzilikazi</u>, el jefe del pueblo Ndabele en 1829

    a. Jefe Mzilikazi y Robert se hicieron muy amigos
        *Su amistad continuó incluso después de que el jefe Mzilikazi cruzara Zambesi

    b. Su visita al jefe Mzilikazi ayudó a establecer una estación misionera de la *London Missionary Society* (*Sociedad Misionera de Londres*) cerca de Bulawayo en 1859

6. <u>Escribió</u> *A Book of Hymns* (*Un Libro de Himnos*) en Tswana en 1838

7. Terminó su primera traducción del <u>Nuevo Testamento</u> en Tswana en 1840
    *Tswana era un lenguaje utilizado comúnmente en toda Sudáfrica
    *Reconoció la necesidad de una Biblia en el idioma Tswana para que los nuevos creyentes pudieran aprender y obedecer la Palabra de Dios
    *No solamente tradujo el texto sino que encontró una imprenta y produjo el trabajo recién traducido

B. Regresó a <u>Inglaterra</u> alrededor de 1840

    1. Durante este viaje conoció a David <u>Livingstone</u> y lo convenció de ir a África en lugar de a China

        a. David Livingstone se casó con la hija de Robert, Mary

b. David Livingstone murió diez años antes de la muerte de Robert

2. Publicó un libro *Missionary Labours* (*Labores Misioneros*) en 1840 que fue ampliamente recibido en Inglaterra y lo hizo muy conocido

C. Viajó a Kuruman, Á<u>frica</u> en 1843

*David Livingstone llegó a África en 1841 durante la ausencia de Robert

1. Publicó la primera <u>Biblia</u> entera en Tswana en 1857
2. <u>Limitó</u> sus viajes, y trabajó más específicamente en la misión desde 1860 en
3. <u>Publicó</u> *Rivers of Water in a Dry Place* (*Ríos de Agua en un Lugar Seco*) en 1863

D. Regresó a <u>Inglaterra</u> en 1870

1. María <u>murió</u> en 1871
2. Continuó <u>ministrando</u> públicamente y dio su discurso público final en 1878
3. <u>Murió</u> en Inglaterra en 1883

VII. Estilo/Filosofía del Ministerio

A. Viajó profundamente al <u>interior</u> de África, donde muchos no viajarían o no podían viajar

*Tuvo que aprender a vivir rodeado de los peligros del clima cálido, el terreno accidentado, los animales salvajes, los curanderos, y los delincuentes rebeldes

B. Trabajó con su <u>esposa</u>, y ella a menudo continuó el trabajo misionero en sus ausencias debido a sus viajes

C. Trabajó en muchos tipos de <u>labor</u> para sobrevivir y entablar relaciones con la gente para poder predicar el Evangelio

*Durante muchos años no vio frutos para su labor sacrificial

D. Ayudó a <u>defender</u> a la gente de Bechuanas de la gente de Zulu proporcionándoles las armas necesarias que no impidieron la guerra, pero que le hicieron querer a la gente debido a su amoroso esfuerzo

E. Buscó mejorar el <u>bienestar</u> general y la vida del pueblo Africano mediante la introducción de técnicas de la agricultura de los países más desarrollados

F. Interactuó libremente con los <u>nativos</u> y aprendió su <u>idioma</u> para traducir la Biblia a su idioma

G. <u>Publicó</u> 2 libros que describen su trabajo misionero para ser distribuidos en Inglaterra

VIII. **Limitaciones del Ministerio**
   A. Predicó durante <u>12</u> años antes de ver alguna fruta real
   *Sin embargo, cuando Dios envió un avivamiento, la aldea fue cambiada y otras aldeas comenzaron a escuchar acerca de los cambios espirituales y se interesaron en el Evangelio.
   B. Nunca integró la <u>cultura</u> africana en su vida diaria, aunque la entendió

IX. **Resultados del Ministerio**
   A. Su espíritu <u>pionero</u> abrió la puerta para el trabajo misionero en toda Sudáfrica
   B. Su <u>Biblia</u> publicada hizo que el Evangelio estuviera disponible para generaciones de personas sudafricanas
   C. Su <u>libro</u> sobre la vida misionera, *Missionary Labours* (*Labores Misioneros*) informó y alentó a los creyentes en Inglaterra

LECCIONES PARA APRENDER

♦ Dios puede comenzar a trabajar en la vida de un niño para guiarlo a ser misionero como adulto

♦ Las reuniones misionaras se pueden usar de Dios para llamar a futuros misioneros

♦ El trabajo de traducción es esencial para predicar y proporcionar Biblias y literatura espiritual para nacionales

♦ Los escritos misioneros son importantes para informar, desafiar, y alentar a los creyentes a participar en el ministerio de la Gran Comisión

♦ Dios puede usar un viaje corto para influenciar a otros para el ministerio futuro

♦ Dios puede salvar a los criminales y usar su testimonio para avanzar el Evangelio

♦ Una familia misionera debería trabajar en conjunto en el ministerio

REFERENCIAS

1. Cardoza-Orlandi, Carlso and González, Justo, *To All Nations from All Nations*. Nashville, Tennesse: Abingdon Press, 2013. 344-346

2. Ross, Andrew. "Moffat, Robert (1795-1883)," Biographical Dictionary of Christian Missions, 1998, reimpreso por la School of Theology, History of Missiology, accedido Mayo 26, 2018,
http://www.bu.edu/missiology/missionary-biography/l-m/moffat-robert-1795-1883/.

3. "Robert Moffat," Encyclopedia Britannica Online, last modified Julio, 12, 2018,
https://www.britannica.com/print/article/387490.

4. Kumm, H. K. W. "Robert Moffat," African Missionary Heroes and Heroines, MacMillan Company, 1971, copied by WholesomeWords.org., accedido Agosto 9, 2018,
https://www.wholesomewords.org/missions/bmoffat10.html.

5. Barlow, Fred. "Robert Moffat: Missionary," Profiles in Evangelism, Sword of the Lord Publishers, 1976, copied by WholesomeWords.org., accedido Mayo 26, 2018,
https://www.wholesomewords.org/missions/bmoffat.html.

6. Imagen de Robert Moffat, *WholesomeWords.org*, accedido Mayo 26, 2018,
https://www.wholesomewords.org/missions/bmoffat.html.

DAVID LIVINGSTONE
(1813-1873)
ÁFRICA

*"Es mi deseo mostrar mi apego a la causa de Aquel que murió
por mí al dedicar mi vida a Su servicio."*

*"No valoro nada de lo que tengo o poseo
excepto en relación con el reino de Cristo."*

"A cualquier costo."

"En cualquier lugar siempre que sea hacia adelante."

I. **Historia Personal**
    A. País de nacimiento - Blantyre, <u>Escocia</u>
    B. Familia
        1. Nació en una familia <u>pobre</u> pero <u>religiosa</u>
        2. Se casó con Mary Moffat en 1844
            a. Ella era la hija de misionero Robert <u>Moffat</u>
            b. Tuvieron <u>6</u> hijos, pero 1 murió como bebé

      c.   Él <u>envió</u> a su esposa e hijos a Inglaterra por su propia seguridad en 1852

          *Su familia vivió casi en la pobreza durante esos años

          *A pesar de que disfrutaron de la vida familiar, pasaron poco tiempo juntos debido a la dificultad del ministerio y los viajes de David, sin embargo, enfrentaron críticas por parte de otros por su separación

      d.   Mary y su hijo Oswell <u>regresaron</u> a África con David en 1858

          *Mary se quedó en Ciudad del Cabo porque se enfermó, y en 1 año regresó a Inglaterra para colocar a los niños en la escuela

      e.   Mary <u>regresó</u> a África para estar con David, pero ella murió pocos meses después de llegar a 1862

      f.   Robert, el hijo mayor de David, después de no encontrar a su padre en África, viajó a los <u>Estados</u> <u>Unidos</u> en 1863

          *Murió luchando por el norte en la Guerra Civil

  C. Educación/Comercio

    1.   Su familia no tenía medios financieros para la educación <u>avanzada</u>, pero era un ávido lector con una mente inquisitiva

        *Trabajó durante el día y asistió a clases por la noche

    2.   Comenzó a trabajar en una fábrica de <u>algodón</u> a la edad de 10 años

        *Arregló un atril para que pudiera leer mientras trabajaba en el telar

II. Afiliación del Ministerio

  A. Cristiano <u>Independiente</u>

  B. The <u>London</u> <u>Missionary</u> Society (Sociedad Misionera de Londres)

  C. The <u>Royal</u> <u>Geographical</u> Society (La Sociedad Geográfica Real)

III. Experiencia y Entrenamiento del Ministerio

  A. Pasó un poco tiempo en una escuela en <u>Glasgow</u> en 1836

IV. Llamado del Ministerio

  A. Hizo una <u>profesión</u> de fe en Jesucristo después de leer *Philosophy of the Future State* (*La Filosofía del Futuro Estado*), de Thomas Dick

  B. Se inspiró para ser misionero por la vida de Henry <u>Martyn</u>, el primer misionero moderno para los musulmanes, y Charles <u>Gutslaff</u>, misionero médico en China

  C. Fue aceptado por *The <u>London</u> <u>Missionary</u> Society* (*Sociedad Misionera de Londres*) en 1838

D. Quería ser un misionero en <u>China</u>, pero surgieron problemas políticos debido a la Guerra del Opio

E. Dios usó la <u>visita</u> del misionero Robert Moffat a Inglaterra en 1840 para guiarlo a África

F. Fue <u>ordenado</u> en Albion Street Chapel, Londres, en 1840
    *Visitó a sus padres por una noche después de la ordenación, donde tuvieron una conferencia sobre misiones, y luego fue llevado por su padre a Broomiclaw, en su camino a África, y no volvió a ver a su padre jamas en esta vida

V. **Ubicación del Ministerio**
A. Grupo de Personas - <u>Sudáfricanos</u>
    1. Trabajó con el misionero Robert Moffat durante <u>11</u> años, en la ciudad de Kuruman
    2. Pasó la mayor parte de su ministerio <u>viajando</u> y <u>explorando</u> el interior de África
B. Fecha - <u>1841-1873</u> (32 años)

VI. **Viajes y Obra del Ministerio**
A. Viajó a <u>África</u> en 1840
    *Él tenía 27 años
    1. Viajó <u>extensamente</u> por África, mientras trabajaba con el misionero Robert Moffat de Kuruman
        a. Durante este tiempo intentó establecer <u>estaciones</u> misioneras como otros misioneros habían hecho
        b. Se <u>desanimó</u> con centros misioneros después de que su primer converso regresó a una vida de poligamia y se sintió obligado a explorar más áreas desconocidas y grupos de personas
        c. Cruzó el desierto de <u>Kalahari</u> hacia el lago Ngami
            *Durante sus viajes, uno de sus hijos murió, y el resto de la familia se encontraba en gran peligro
    2. Comenzó a viajar al <u>interior</u> de África en 1845
        *Creía que si pudiera abrir rutas de comercio al interior de África, el Evangelio y el comercio tendrían un mejor acceso
        a. Sus viajes lo llevaron a lugares que ningún hombre <u>blanco</u> había visto nunca y a personas que eran desconocidas, y vieron la maldad del paganismo y la trata de esclavos

b. Él bautizó a Sechele en 1848

*Este fue su primer bautizo en 8 años en el campo

B. Regresó a Inglaterra en 1856

1. Regresó con gran honor como gran explorador y recibió el reconocimiento del gobierno británico por sus logros

2. Escribió un libro titulado *Missionary Travels* (*Viajes Misioneros*), y tuvo una gran influencia en desafiar a las iglesias con el trabajo misionero

3. Viajó por toda Inglaterra hablando y representando a África y su ministerio

*Habló en la Universidad de Cambridge y *Dr. Livingstone's Cambridge Lectures* (*Las Conferencias Cambridge de Dr. Livingstone*) despertaron mucho interés en 1858

4. No fue bien recibido por *The London Missionary Society* (*La Sociedad Misionera de Londres*) porque no vieron su exploración como parte del trabajo misionero, y él renunció a la sociedad

5. Fue aceptado como representante de Inglaterra para regresar a África y explorar rutas de comercio por el río Zambesi

C. Viajó a África con *The Royal Geographical Society (La Sociedad Geográfica Real)* en 1858

1. Su propósito fue doble

a. Llegar al interior con el Evangelio y hacer el camino para que otros misioneros difundirían el Evangelio

b. Proporcionar una ruta comercial establecida para el con el fin de un ambiente más civilizado para eliminar los males del tráfico de esclavos

2. Él descubrió y nombró las *Cataratas de Victoria* en honor a la reina

D. Regresó a Inglaterra a petición del gobierno de Inglaterra en 1863

1. Estaba dedicado a revelar la trata de esclavos y buscar ayuda para explorar el norte

2. Escribió un segundo libro titulado *The Zambesi and Its Tributaries* (*El Zambesi y sus Afluentes*) que fue muy bien recibido

3. Rechazó la dirección de *La Sociedad Geográfica Real* para regresar a África solamente para encontrar la cuenca del continente porque quería mantener su enfoque misionero

E.   Viajó a <u>África</u> para hacer una exploración hacia el norte para encontrar el origen del Nilo mientras llevaba el Evangelio a los que encontró en 1869

1.   Durante este viaje, se pensó que había muerto porque no tuvo contacto con el mundo moderno durante <u>2</u> años, incluso cuando *La Sociedad Geográfica Real* lo buscó

2.   Durante este viaje, él había enfermado gravemente, y fue consolado solamente por su <u>Biblia</u>, la cual leyó completamente 4 veces en los 2 años

3.   Llegó a <u>Ujiji</u>, en 1871 y fue encontrado por Henry M. Stanley, un periodista de Nueva York

4.   Se <u>negó</u> a regresar a Inglaterra pero continuó explorando lentamente

5.   <u>Murió</u> arrodillado junto a su cama en oración en el pueblo de Chitambo, en 1876

*Después de su muerte, su corazón fue removido de su cuerpo y enterrado en África, mientras que su cuerpo fue perseverado y enviado a ser enterrado en la Abadía de Westminster, Londres, Inglaterra.

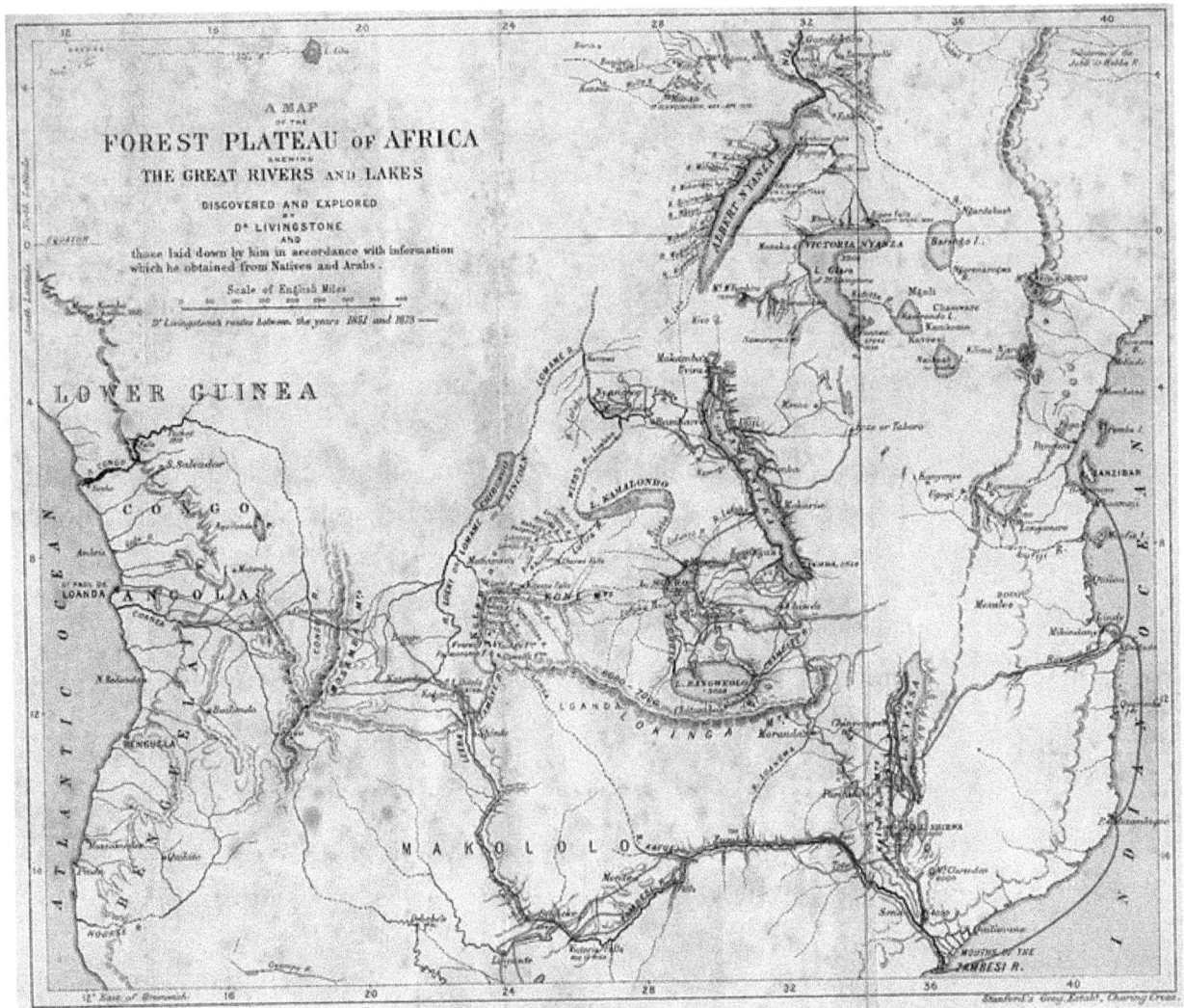

A MAP
OF THE
FOREST PLATEAU OF AFRICA
SHEWING
THE GREAT RIVERS AND LAKES

DISCOVERED AND EXPLORED
BY
Dr LIVINGSTONE
AND
those laid down by him in accordance with information
which he obtained from Natives and Arabs.

Scale of English Miles

Dr Livingstone's routes between the years 1851 and 1873 ———

VII.   **Estilo/Filosofía del Ministerio**

A.   Estaba convencido de que necesitaba llegar al <u>corazón</u> de África con el Evangelio y hacer rutas para que otros pudieran seguirlo

B.   Respetaba las <u>lenguas</u> y <u>culturas</u> nativas, y a menudo viajaba solamente con acompañantes africanos

C.   Utilizó su conocimiento <u>médico</u> y <u>amabilidad</u> para ayudar a las necesidades de los Africanos a entablar relaciones con los nacionales

D.   Estaba profundamente conmovido por la crueldad del tráfico de <u>esclavos</u> y se comprometió a hacer todo lo posible para revelar su maldad y ayudar a ponerle fin

E.   Estaba dispuesto a ser financiado por el gobierno de <u>Inglaterra</u> para su exploración del río Zambesi para encontrar rutas comerciales

F. Deseó encontrar la fuente del Río <u>Nilo</u> creyendo que si pudiera, entendería mucho las rutas de agua completas de África

G. Se tomó el tiempo de <u>documentar</u> y trazar sus descubrimientos para que otros pudieran seguir su trabajo y ministerio

H. Dio todo por su Dios y el <u>pueblo</u> Africano

VIII. **Limitaciones del Ministerio**

A. Su primer converso en África, mientras trabajaba con el misionero Robert Moffet, regresó a la <u>poligamia</u> y tardó 8 años antes de su primer bautismo.

B. Se hizo evidente que no trabajó con otros <u>occidentales</u>, especialmente aquellos que no aspiraron a su nivel de sacrificio y visión

C. Fue <u>criticado</u> por su dedicación a la exploración, que fue vista como algo que lo alejó del evangelismo y del establecimiento de iglesias (grupos de creyentes)

D. A menudo estaba <u>enfermo</u> y <u>separado</u> de su familia debido a las condiciones extremas

E. Se enfrentó al <u>fracaso</u> con algunas de sus exploraciones: la exploración del Río Zambesi falló

F. Aunque predicó a muchos, hay muy pocas <u>iglesias</u> documentadas establecidas debido a su trabajo (debido a su constante viaje)

IX. **Resultados del Ministerio**

A. Su reputación y sus experiencias motivaron a nuevos <u>misioneros</u> tanto en Inglaterra como en Norte América

B. Su revelación sobre el comercio de esclavos llevó a su <u>abolición</u>

C. <u>Descubrió</u> caminos fluviales, cascadas, lagos, etc., que nunca habían sido documentados

D. Sus escritos sobre África y su ministerio despertaron mucho <u>interés</u> en el continente y en las necesidades sociales, económicas y espirituales de las personas

LECCIONES PARA APRENDER

♦ Los misioneros deben estar motivados y totalmente dedicados
♦ Dios usa pioneros para proporcionar nuevos caminos para el Evangelio
♦ Las malas condiciones de vida conducirán a una mala salud

♦ Los fracasos deben verse como retrocesos, pero no el final
♦ Sin el establecimiento de iglesias, los creyentes no tienen la capacidad de organizarse, crecer, y multiplicarse
♦ Los libros misioneros pueden ser usadas por Dios para estimular los corazones de las generaciones futuras

REFERENCIAS

1. Cardoza-Orlandi, Carlso and González, Justo, *To All Nations from All Nations*. Nashville, Tennesse: Abingdon Press, 2013. 344-350

2. Royer, Galen. "David Livinstone," Christian Horoism in Heathen Lands, Brethren Publishing House, 1915, copied by WholesomeWords.org, accedido Julio 13, 2018, https://www.wholesomewords.org/missions/bliving2.html.

3. Livingstone, Justin. "Livingstone's Life & Expeditions, Second edition, 2015" Livingstone Online, accedido Julio 19, 2018, http://www.livingstoneonline.org/life-and-times/livingstone-s-life-expeditions. 7/19/2018

4. "David Livingstone," Christianity Today, accedido Julio 13, 2018, https://www.christianitytoday.com/history/people/missionaries/david-livingstone.html.

5. Shepperson, George. "David Livinstone," Encyclopedia Britannica Online, last modified Julio, 12, 2018, https://www.britannica.com/print/article/344871.

6. Imagen de "David Livinstone" *Encyclopaedia Britannica Online* Photos.com/thinkstock, accedido Julio 13, 2013, https://www.britannica.com/print/article/344871.

7. Imagen de "The journeys of Livingstone in Africa between 1851 and 1873," *Wikipedia*, accedido Agosto 22, 2018, https://en.wikipedia.org/wiki/David_Livingstone.

JAMES HUDSON TAYLOR
(1832-1905)
CHINA

"China no puede ser ganada para Cristo por hombres y mujeres tranquilos,
amantes de la facilidad
... El sello de hombres y mujeres que necesitamos
es tal que pondrá a Jesús, a China, [y] almas en primer lugar en todo
y en todo momento-incluso la vida misma debe ser secundaria ".

"Allí el Señor conquistó mi incredulidad, y me entregué a Dios por este servicio.
Le dije que toda la responsabilidad en cuanto a los problemas
y las consecuencias debe descansar en él;
que como su siervo era mío obedecer y seguirlo ".

I. **Historia Personal**
   A. País de nacimiento - Barnsley, <u>Inglaterra</u>
   B. Familia
      1. Sus padres, James y Amelia, <u>oraron</u> fervientemente para que su hijo James Hudson fuera utilizado por Dios en China mientras él era un recién nacido
      2. Su madre se dedicó a <u>orar</u> por la salvación de James, en una habitación cerrada, cuando él tenía 17 años, y se informa que ese día James Hudson leyó un tratado y recibió a Jesucristo como su Salvador

3. Se casó con <u>Maria</u> Dyer el 20 de enero de 1859
   a. El matrimonio intencionalmente no fue <u>alentado</u> por la misionera veterana señorita Mary Ann Aldersey quien era una misionara soltera y cuidadora de Mary
   b. La pareja se casó solamente <u>4</u> días después de que Mary cumplió 21 años
      *Habían esperado 2 años
   c. Tuvieron <u>8</u> hijos
      *Solamente 4 de sus hijos vivieron
      (1) Gracie - 31 de julio de 1859 en Ningpo (murió el 23 de agosto de 1867, en Hangchow)
      (2) Herbert - abril de 1861 (podía haber muerto como bebé)
      (3) Bertie - 1862, en Inglaterra
      (4) Freddie - 1865, en Inglaterra
      (5) Samuel - 1864, en Inglaterra (murió el 4 de febrero de 1870)
      (6) Maria - febrero de 1867, en Hanchow
      (7) Charles Edward - noviembre de 1868, en Yanchow
      (8) Noel - 7 de julio de 1870, en Yanchow (murió 13 días después de su nacimiento debido a problemas de garganta y calor)
   d. Mary <u>murió</u> el 23 de julio de 1870, posiblemente por cólera
      (1) Ella murió solamente 16 días después de dar a luz y perder a su bebé Noel
      (2) Murió 2 días después de recibir la noticia de que sus 3 hijos mayores habían llegado a salvo a Inglaterra
      (3) Tenía solamente 33 años
4. Se casó con <u>Jennie</u> Faulding en 1871
   a. Élla ayudó a J Hudson con sus hijos y con el ministerio de <u>mujeres</u> en China
   b. Élla <u>murió</u> el 30 de julio de 1904 en Suiza
C. Educación/Comercio
   1. Comenzó a trabajar en un <u>banco</u> a la edad de 15 años
      *Fue en el banco donde se convirtió en popular y tuvo malas influencias en su vida
   2. Trabajó un tiempo en la <u>tienda</u> de su padre
      *Su padre era químico

II.   Afiliación del Ministerio
A.   <u>Metodista</u>
B.   The <u>Chinese</u> <u>Evangelization</u> Society (La Sociedad China de Evangelización)
C.   <u>China</u> <u>Inland</u> Mission (La Misión Interior de China)
  * Él comenzó la mission

III.   Experiencia y Entrenamiento del Ministerio
A.   Se colocó bajo entrenamiento <u>físico</u> y <u>espiritual</u>
  1.   Comenzó a vivir con muy poco <u>dinero</u> y rechazó las oportunidades de solicitar su propio salario cuando no se le pagaba, sino que se lo daba a los necesitados y luego oraba y le pedía a Dios que supliera sus propias necesidades
  2.   Dejó de dormir en una cama de plumas y durmió solamente con un colchón <u>duro</u>
  3.   Comenzó a dar atención <u>médica</u> a los pobres y necesitados
  4.   Comenzó a <u>predicar</u> a las personas que habían sido rechazadas
  5.   Se mudó a un área más <u>poblada</u>
B.   Se mudó a Londres en 1852 para entrenar como <u>médico</u> en el hospital de Londres, mientras estaba conectado con *La Sociedad China de Evangelización*
  *No terminó su entrenamiento médico, pero el CES le instó a ir a China temprano

IV.   Llamado del Ministerio
A.   Sus <u>padres</u> oraron para que su hijo fuera llamado por Dios para ministrar en China desde el momento de su nacimiento
B.   A la edad de 17 años, debido a la gran oración de los miembros de su familia y un tratado del Evangelio, <u>aceptó</u> a Jesucristo como su Salvador personal
C.   Se dedicó a ir a China en 1849 mientras estaba solo, <u>buscando</u> la presencia y dirección de Dios para su vida

V.   Ubicación del Ministerio
A.   Grupo de Personas - Los <u>chinos</u>
B.   Fecha <u>1854-1905</u> (51 años)

VI. **Viajes y Obra del Ministerio**

A. Viajó desde Liverpool en septiembre de 1853 y llegó a Shanghai, <u>China</u> en marzo de 1854

*Su viaje a Shanghai fue muy peligroso debido a las condiciones climáticas y solamente la oración salvó el barco y su tripulación

*Llegó a Shanghai justo después de que los puertos se abrieron después de la conclusión de la Guerra del Opio con Inglaterra

1. Cuando llegó a Shanghai se <u>mudó</u> con frecuencia debido a problemas políticos y sociales y su deseo de llegar a la gente en el interior de China

   a. Encontró a otros misioneros perezosos e <u>indiferentes</u> en su trabajo

   b. Durante sus viajes brindó atención médica y <u>Biblias</u> chinas a los ciudadanos que no lo rechazaron

2. Él y William Burns, un evangelista escocés, después de trabajar juntos durante un tiempo, decidieron mudarse a <u>Swatown</u> para ministrar allí en 1856

   a. Encontraron a la gente muy <u>difícil</u>

   b. J Hudson se vio afectado por las condiciones <u>tropicales</u> del verano

   c. J Hudson recibió una carta de la señorita Sisson <u>rechazando</u> su propuesta de matrimonio

   d. *SCE* le informó que no tenían <u>fondos</u> para pagar su salario

3. Viajó a <u>Shanghai</u> para recoger el equipo médico en julio de 1856

   a. Mientras estaba en Shanghai, se enteró de que William Burns había sido <u>arrestado</u> y enviado a Cantón

   b. También descubrió que la mayoría de sus suministros médicos habían sido <u>destruidos</u> por un incendio

4. Viajó a <u>Ningpo</u> en octubre de 1856

   a. Mientras viajaba a Ningpo, fue <u>robado</u> de sus posesiones valiosas y sentimentales

   *Incluyendo una foto de su hermana Amelia y una Biblia que su madre le había dado

   b. <u>Renunció</u> al *SCE* y se mantuvo independiente de otras sociedades después de recibir una carta de George Mueller alentándolo a vivir por fe

    c.   Disfrutó del compañerismo del Dr. Parker, la familia Jones, Mary Ann Aldersey (quizás la primera mujer misionera en China), y Burella y Maria Dyer

    d.   En una fiesta de Navidad en 1856, J Hudson y Maria Dyer comenzaron una amistad que se convirtió en matrimonio en 1859 después de la resistencia de la señorita Mary Ann Aldersey

    e.   J Hudson intentó establecer un pequeño grupo de creyentes en Ningpo donde el grupo creció a solamente 21 personas

    f.   J Hudson se enfermó y se decidió que por motivos políticos y de salud la familia regresaría a Inglaterra en 1860

B.   Él, Maria y Gracie regresaron a Inglaterra en 1860

*Debido a problemas de salud y políticos, se creía que J Hudson y su familia nunca regresarían a China, y la familia vivía con muy pocos ingresos.

    1.   Comenzó a traducir el Nuevo Testamento de Ningpo, que tardó 5 años

    2.   Se inscribió en más cursos de medicina

    3.   Escribió un libro titulado *China, It's Spiritual Needs and Claims* (*China, Su Necesidades Espirituales y Afirmaciones*) en octubre de 1865

    4.   Comenzó la *China Inland Mission* (*Misión Interior de China*) el domingo 25 de junio de 1865

        a.   Estuvo en la playa de Brighton cuando se sintió muy agobiado por China y le pidió a Dios que le proporcionara 24 misioneros para ir a China con él

            *Había estado luchando durante meses pidiendo a los misioneros que fueran a China, donde sabía que enfrentarían los peligros extremos y la pobreza, pero confió sus miedos al cuidado de Dios

        b.   Él abrió una cuenta bancaria por fe con solamente $50

            (1)   Donantes comenzaron a dar a la cuenta

            (2)   Charles Spurgeon se enteró de J Hudson Taylor y se conmovió por su compromiso con China

            (3)   Dentro del año se recibieron $13,000 para la nueva misión y se aceptaron 24 voluntarios

       c.   Estableció que a ningún misionero se le garantizarían fondos, sino que viviría por la <u>fe</u> y que adoptaría la <u>vestimenta</u> china con el propósito de llevar el Evangelio al interior de China

C.   La familia Taylor y otros 16 misioneros abandonaron Inglaterra el 26 de mayo de 1866 para viajar a Shanghai, <u>China</u>, y luego a Ningpo

*Otros 5 misioneros habían sido enviados y ya estaban en China

    1.   El viaje fue <u>peligroso</u>, y solamente la oración libró el barco

    2.   Debido a la sobrepoblación en Ningpo, J Hudson llevó a su equipo a <u>Hanchow</u>

    3.   Otros occidentales <u>rechazaron</u> los métodos de J Hudson, incluyendo el vestido nacional causaron tensión

    4.   El equipo de la misión comenzó a <u>dividirse</u> sobre prácticas y doctrinales en junio de 1868

    5.   J Hudson y Maria enfrentaron <u>enfermedades</u>, y su hija Gracie murió a la edad de 8 años

    6.   La muerte de Gracie ayudó a <u>unir</u> al equipo una vez más porque ella estaba orando por la salvación de un creador de ídolos justo antes de su muerte

    7.   El equipo se mudó a <u>Yanchow</u> en junio de 1868, pero sufrió un ataque de nativos el 22 de agosto, lo que provocó que se quemaran suministros, se hirió a personas, y los misioneros escaparon a <u>Chinkiang</u>

*Aunque los misioneros no quisieron ninguna represalia legal, la Armada Británica abordó los crímenes y empeoró la situación para los occidentales

*Aunque los occidentales en China simpatizaban con la situación de Taylor, se burló de la historia en Inglaterra, y se burlaron de los Taylor

    8.   La familia Taylor regresó a <u>Yanchow</u> en noviembre de 1868

        a.   Los nacionales quedaron impresionados con los Taylor y Dios comenzó a proporcionar un tiempo de fecundidad espiritual

        b.   George Mueller continuó apoyando a los Taylor y compensó la falta de apoyo con $10,000 anuales

    c.   Enfrentó un momento de gran depresión física y emocional y testificó que fue el amor de su esposa lo que le impidió quitarse la vida

        *Esta vez cambió la vida de J Hudson porque fue entonces cuando reconoció que había estado sirviendo con su propia fuerza y que tenía que cambiar para depender solamente en Dios para llevar a cabo el trabajo: la "vida intercambiada"

9.   Los Taylor reconocieron la necesidad de enviar a sus 4 hijos mayores a <u>Inglaterra</u> con Emily Blatchley como su madre adoptiva, y los enviaron desde Shanghai el 22 de marzo de 1870

    *Mantuvieron a Charles con ellos ya que era todavía un bebé

    a.   Bertie - 9 años de edad

    b.   Freddie - 7 años de edad

    c.   Samuel - 5 años de edad (murió por temor a dejar a sus padres mientras viajaban en el río Yangtze en su camino a Shanghai el 4 de febrero de 1870)

    d.   Maria - 3 años de edad

10.   Tanto Maria como un bebé recién nacido, Noel, <u>murieron</u> debido a las necesidades de salud y el calor en julio de 1870

    *Los Taylors recibieron la noticia de que los 3 niños mayoresestaban a salvo en Inglaterra solamente 2 días antes de la muerte de Maria

11.   Sufrió un <u>colapso</u> personal debido a problemas de salud (un hígado trastornado) que afectó su sueño, la respiración y las emociones, en 1871

    a.   Se determinó que necesitaba regresar a Inglaterra por su salud

    b.   También necesitaba regresar a Inglaterra porque los Berger ya no podían atender las necesidades de la misión debido a su edad y salud

D.   Regresó a <u>Inglaterra</u> en 1871

    1.   Conoció a Jennie Faulding y se <u>casó</u> con ella en Londres en 1871

    2.   Estableció un concilio en <u>Londres</u> para la *MIC* en 1872

    3.   <u>Viajó</u>, <u>predicó</u>, y compartió su carga por China durante este tiempo

        *Dwight Moody, cuando era joven, escuchó a J Hudson predicar en una conferencia bíblica durante estos viajes

E.   Él y su nueva esposa, Jennie, viajaron a <u>China</u> en octubre de 1872
*Los Taylor dejaron a sus hijos en Inglaterra para este viaje
1.   En abril de 1874, escribió a un amigo que solamente tenían $<u>.87</u>, pero en junio de ese mismo año, una carta de un partidario desconocido por $4,000 para continuar el ministerio en áreas no alcanzadas de China
2.   Se abrió una <u>sucursal</u> de la misión en Wuchung con la ayuda del Sr. Judd en junio de 1874
3.   Los Taylor recibieron noticias de que la madre adoptiva de sus hijos, la señorita Blatchley, <u>murió</u> en julio de 1874, e hicieron planes para regresar a Inglaterra
4.   Durante el viaje por el Yangtze, J Hudson <u>cayó</u>, y resultó gravemente herido, dejándolo postrado en la cama durante muchos meses
F.   Los Taylor regresaron a <u>Inglaterra</u> en 1874 para cuidar a sus hijos
1.   Fue postrado en <u>cama</u> debido a su caída hasta principios de 1875
2.   <u>Oró</u> por 18 trabajadores más para llegar a nuevas áreas de China en enero de 1875
3.   China e Inglaterra llegaron a un <u>acuerdo</u> que permitió que el Evangelio viajara a tierra adentro el 13 de septiembre de 1876
G.   Viajó a <u>China</u> sin su familia en 1876
*Su propósito era viajar más profundo hacia el interior
1.   Viajó <u>30,000</u> millas en China en los próximos 2 años
2.   <u>Contaba</u> a menudo en tiempos de soledad y prueba para mantener su espíritu y concentración
3.   Jennie Judson regresó a China y a su esposo en 1878 y desempeñó un papel importante en los ministerios de las <u>mujeres</u> y el trabajo misionero
4.   Él y sus trabajadores (de alrededor de 100) comenzaron a orar por otros <u>70</u> trabajadores, en 1881
H.   Regresó a <u>Inglaterra</u> en 1883
1.   <u>Viajó</u> y <u>habló</u> extensamente por toda Inglaterra e instó a los trabajadores a regresar con él a China
a.   Dentro de <u>1</u> año Dios proveyó a los trabajadores y $14,000
b.   *MIC* <u>creció</u> para representar a 225 misioneros, 59 iglesias y 1,655 miembros de la iglesia

I. Viajó a <u>China</u> con sus nuevos trabajadores
  1. Mientras estaba en China, creía que necesitaba <u>100</u> nuevos trabajadores para llegar a China y envió un telegrama a Inglaterra explicando su oración por 100 trabajadores en 1887
J. Regresó una vez más a <u>Inglaterra</u> para reunir reclutas
  1. 600 personas aplicadas y <u>102</u> fueron elegidas
  2. Oraron por $50,000, y Dios proporcionó $105,000
  3. Recibió una solicitud a Henry Frost para que <u>visite</u> a América, y aceptó antes de regresar a China
K. Viajó a <u>Estados Unidos</u> para representar las necesidades de China
  1. En su corto tiempo en los Estados Unidos, habló en <u>Moody's</u> Northfield Conference (la Conferencia Northfield de Moody)
  2. Regresó a China con <u>14</u> trabajadores estadounidenses
L. Él y 14 estadounidenses llegaron a <u>China</u> en el otoño de 1888
M. Regresó a <u>Inglaterra</u> y luego viajó a Suiza por necesidades de salud y un retiro parcial
  1. En 1900, las noticias de la <u>Rebelión</u> de los <u>Boxer</u> en China le quebrantaron el corazón
    *Al final, el gran interés en el trabajo de la misión se inspiró en los años siguientes
  2. <u>Renunció</u> de *MIC* para que D.E. Hoste pudiera continuar el trabajo en 1902
  3. Jennie murió el 30 de julio de 1904 en <u>Suiza</u>
N. J Hudson viajó de regreso a <u>China</u> en febrero de 1905
  1. Fue bien <u>recibido</u> al visitar las diferentes ciudades donde había vivido, servido y sacrificado
  2. <u>Murió</u> apenas 3 meses después de regresar a China, y fue enterrado al lado de su primera esposa, Maria, cerca del río Yangtze

VII. **Estilo/Filosofía del Ministerio**
A. Estaba muy motivado para servir a Dios y ser <u>autodisciplinado</u>
B. Eligió <u>vivir</u> y <u>vestirse</u> como los Chinos, e intentó aprender el idioma lo más rápido posible
  *Otros misioneros no aceptaron esta práctica e incluso hablaron en contra de su estilo de vida
C. Deseó que el Evangelio llegara al <u>interior</u> de China y tomó medidas para viajar fuera de las áreas normales

D. Él vivió por fe y oración, y vio a Dios proporcionar trabajadores y fondos cuando fueron necesarios

E. Trabajó diligentemente a través de la pobreza y la enfermedad para predicar el Evangelio, y produjo material escrito y bíblico en chino

F. Estaba más preocupado de que cada persona china tuviera la oportunidad de escuchar el Evangelio de que se establecieron iglesias y comunidades Cristianas

G. Estableció *The China Inland Mission* (*Misión Interior de China*), que no era denominicional, exigía una dependencia de Dios y la aceptación de la cultura china por parte de sus misioneros

VIII. **Limitaciones del Ministerio**

A. Su falta de fondos dificultó enormemente sus condiciones de vida, salud, etc. durante su primer ministerio

B. Sufrió mucho debido a la enfermedad

C. Perdió 1 esposa y 4 hijos debido a las duras condiciones en el campo

D. Se enfrentó al desaliento real en tiempos de dificultad

IX. **Resultados del Ministerio**

A. A pesar de su enfoque en la predicación del Evangelio y la falta de interés en establecer iglesias, aquellos que sirvieron en *The China Inland Mission* (*La Misión Interior de China*) establecieron cientos de iglesias y estaciones de misión en toda China
*Lamentablemente, la rebelión de los boxeadores afectó en gran medida el trabajo espiritual que J Hudson y sus trabajadores habían comenzado

B. *The China Inland Mission* (*La Misión Interior de China*) se convirtió en un modelo para otras agencias de misioneras y tuvo un gran impacto en China para el Evangelio

C. Inglaterra y América fueron despertados a las necesidades de China

LECCIONES PARA APRENDER

♦ Es importante estar preparado físicamente y espiritualmente antes de trasladarse al campo misionero

♦ Los misioneros deben tener fe en la provisión y protección de Dios

♦ Los misioneros deben orar para que Dios provea más obreros

♦ La cultura nativa debe honrarse cuando no se viola la doctrina bíblica

- Un misionero debe ver un tiempo de limitación física como un tiempo para un mayor trabajo espiritual a través de la oración, el estudio y la escritura
- La protección y la provisión para la familia misionera nunca deben ser descuidadas

REFERENCIAS

1. Cardoza-Orlandi, Carlso and González, Justo, *To All Nations from All Nations*. Nashville, Tennesse: Abingdon Press, 2013. 284-285

2. Klauber, Martin and Manetsch, Scott. The Great Commission. Nashville, Tennessee: B&H Publishing Group, 2008. 117

3. "10 Things You Should Know About Hudson Taylor," OMF Literature Inc., accedido Julio 19, 2018, http://omflit.com/10-things-you-should-know-about-hudson-taylor/.

4. The Christian History Timeline. "Hudson Taylor and Missions to China: Christian History Timeline," Christianity Today, accedido Julio 19, 2018, https://www.christianitytoday.com/history/issues/issue-52/hudson-taylor-and-missions-to-china-christian-history.html.

5. Steer, Roger. "Pushing Inward," Christianity Today, accedido Julio 19, 2018, https://www.christianitytoday.com/history/issues/issue-52/pushing-inward.html

6. Reese, Ed. "James Hudson Taylor," Christian Hall of Fame, Reese Publications, copied by WholesomeWords.org, accedido Julio 19, 2018, https://www.wholesomewords.org/missions/biotaylor2.html.

7. Hudson Taylor," Christianity Today, accedido Julio 19, 2018, https://www.christianitytoday.com/history/people/missionaries/hudson-taylor.html.

8. Covell, Ralph. "Taylor, James Hudson (1832-1905)," Biographical Dictionary of Christian Missions, 1998, reimpreso por la School of Theology, History of Missiology, accedido Julio 19, 2018, http://www.bu.edu/missiology/missionary-biography/t-u-v/taylor-j-hudson-1832-1905/.

9. Imagen de James Hudson Taylor, *WholesomeWords.org*, accedido Mayo 26, 2018, https://www.wholesomewords.org/missions/biotaylor2.html.

MARY (MARÍA) SLESSOR
(1848-1915)
SUDÁFRICA

*"Si no hubiera sentido a mi Salvador cerca de mí,
habría perdido la razón."*

*"Señor, la tarea es imposible para mí, pero no para ti.
Guía el camino y lo seguiré."*

*"¿Por qué debería temer? Estoy en una Misión Real.
Estoy al servicio del Rey de Reyes."*

*"No es facil.
Pero Cristo está aquí y siempre estoy satisfecho y feliz en su amor."*

"¿Qué es coraje, sino fe que conquista el miedo?"

"Debo avanzar y continuar."

I.   **Historia Personal**
 A.   País de nacimiento - <u>Escocia</u>
 B.   Familia
  1.   Nació en una familia <u>pobre</u>
   a.   Su madre era <u>creyente</u> y oró para que sus hijos fueran misioneros
   b.   Su padre estaba <u>borracho</u> y trataba mal a la familia

2. Comenzó a trabajar en una <u>fábrica</u> de tejidos a la edad de 11 años, donde se volvió muy competente

C. Educación/Comercio

1. Era una <u>lectora</u> auto motivada que tomó prestados libros de la biblioteca de la escuela dominical de su iglesia y los leyó mientras trabajaba en sus dos máquinas de tejer.

II. Afiliación del Ministerio

A. Iglesia <u>Wishart</u>

B. Iglesia <u>Presbiteriana</u> Unida

C. <u>Foreign</u> Mission Board (Junta de Misión Extranjera)

III. Experiencia y Entrenamiento del Ministerio

A. Participó en los <u>ministerios</u> de su iglesia ayudando en la misión de la escuela dominical y los barrios marginales

*Su fuerte fe en la protección de Dios surgió de su dependencia de Él para protegerla de la violencia de pandillas que encontró durante los ministerios de su iglesia

B. Fue enviada a <u>Aberdeen</u> por 3 meses de entrenamiento por la Junta de Misiones Extranjeras después de que su solicitud fue aceptada

IV. Llamado del Ministerio

A. <u>Dedicó</u> su vida a Jesucristo como una niña

B. <u>Estudió</u> libros como *Paradise Lost* (*Paraíso Perdido*), escrito por John Milton y *Sartor Resartus* de Thomas Carlyle

C. Desarrolló un interés por la misión en África desde su niñez mientras escuchaba <u>historias</u> de David Livingstone y otros misioneros de África que visitaron su iglesia

D. Cuando se anunció que David Livingstone había muerto en 1874, ella <u>aceptó</u> su desafío para que otros ocupen su lugar al servicio del Señor al llegar al pueblo Africano con el Evangelio

E. Ella <u>solicitó</u> y fue aceptada por *La Junta de Misiones Extranjeras* en 1875

V. Ubicación del Ministerio

A. Grupo de Personas - <u>Africanos</u> en Nigeria, Sudáfrica

B. Fecha - <u>1876-1915</u> (39 años)

VI.   **Viajes y Obra del Ministerio**

A.   Viajó a Calabar, <u>Sudáfrica</u> en 1876

   *Ella tenía 28 años

1.   Descubrió rápidamente que África era muy <u>diferente</u> y mucho más peligrosa que Inglaterra; muertos, animales salvajes, caníbales, etc., estaban a las afueras de la ciudad, pero esto no la asustaba, sino que la intrigaba, y deseaba compartir las buenas nuevas del Evangelio con aquellos que nunca habían escuchado

2.   Vivió en Calabar, una ciudad costera, con la familia <u>Anderson</u> en Duke Town en Mission Hill durante 3 años, mientras ella llenaba su tiempo estudiando el idioma local, Efik, y enseñando

   *Se hizo muy competente en el lenguaje Efik y fue altamente complementada por sus habilidades por los nacionales

3.   Se <u>enfermó</u> y pidió un permiso breve a Escocia para recuperarse con el objetivo de regresar a África y entrar al interior con el Evangelio

   *Se informó que había sentido mucha nostalgia por Escocia y su madre durante este tiempo

B.   Regresó a <u>Escocia</u> por un corto tiempo alrededor de 1879 para recuperarse de la enfermedad

C.   Viajó a <u>África</u> para continuar su trabajo en Calabar en 1880

1.   Cuando llegó a Calabar se encontró a <u>cargo</u> de la misión y trabajando sola

2.   <u>Rescató</u> y mantuvo a un gemelo que había sido dejado a morir debido a la superstición de gemelos que comenzó un ministerio de rescatar a muchos niños de la muerte debido a la enfermedad, el abandono, y las creencias de la superstición

3.   Continuó trabajando en Calabar hasta agosto de 1888 y, con el permiso de su misión, ingresó al <u>interior</u> para trabajar y ministrar desde Okoyong, donde estableció una misión

   *En este momento ella tenía varios huérfanos nativos bajo su cuidado porque los había rescatado de la muerte

4.   Estableció una amistad con el jefe Edem de Okoyong, y <u>vivió</u> con los Africanos, adoptando su cultura y viviendo como vivían

   *Se convirtió en una amiga de por vida de la hermana del jefe Edem que ayudó a protegerla varias veces, pero que nunca se convirtió en cristiana

5. Se volvió <u>confiable</u> y <u>respetada</u> por el pueblo africano cuando intervino en conflictos a través de soluciones pacíficas, y el gobierno británico le pidió que se convirtiera en el Vice-consejo en 1891

D. Regresó a <u>Inglaterra</u> por un breve furlough en 1896
   1. Regresó con sus 4 hijos <u>Africanos</u>
   2. Aceptó varias oportunidades de presentar <u>charlas</u> que utilizó para iluminar Inglaterra con las necesidades de los Africanos
      a. Se negó a hablar públicamente si habían <u>hombres</u> presentes
      b. Se tomó un tiempo especial para incluir y disfrutar a los <u>niños</u> que vinieron a verla y escucharla

E. Viajó a <u>África</u> una vez más con el propósito de viajar tierra adentro hacia Itu
   1. Sus últimos años en Okoyong se dedicaron a cuidar a las personas infectadas con <u>viruela</u>, y vio a muchos de sus amigos morir o abandonar el área
   2. Le dieron permiso para comenzar una misión en <u>Itu</u> de la junta de su misión
      *Ella tenía 54 años
   3. Disfrutó de la ayuda de sus <u>hijos</u> adoptivos en el trabajo ministerial, y el trabajo de evangelista, y el trabajo creció rápidamente
   4. El gobierno de Inglaterra la colocó como <u>juez</u> de Itu
   5. Envió a su misión solicitando a un <u>ministro</u> ordenado que fuera a Itu, ya que sabía que no podía comenzar una iglesia

F. Viajó a las Islas <u>Canarias</u> para un furlough breve debido a las necesidades de salud en 1912
   1. Durante su tiempo de descanso fue tratada con gran cuidado y gracia, y se <u>recuperó</u> rápidamente

G. Regresó a <u>África</u>
   1. Estableció el *Slessor Industial Home* (*Hogar Industrial Slessor*) para <u>mujeres</u> y <u>niñas</u>
   2. Ella recibió una <u>Cruz</u> de <u>Plata</u> del Rey de Inglaterra por su labor Cristiana
   3. Recibió noticias del comienzo de la Primera Guerra Mundial en 1914 que la <u>preocupó</u> mucho hasta su muerte

4. Murió el 13 de enero de 1915 en el hospital de Itu mientras era atendida por sus amorosos hijos adoptivos y respetuosos médicos y enfermeras, y su cuerpo fue enterrado en el cementerio de Calabar, en Mission Hill en Duke Town

VII. **Estilo/Filosofía del Ministerio**
   A. Creía que el Evangelio era el mensaje de esperanza que podía romper el miedo a la muerte que se cierne sobre el pueblo Africano a través de las malas prácticas de los brujos y las tradiciones tribales
   B. Creía que Dios podía rescatarla de cualquier peligro que Él eligiera, así que no tenía que temer, y mantenía una disposición brillante y esperanzada
   C. Predicó (proclamó) la Biblia a todos aquellos con los que se encontró y usó sus principios para consolar, calmar, y aconsejar a todos aquellos que quisieran escuchar
   D. Vivió y trabajó al lado, y se cuidó a los Africanos mientras buscaba cambiar su cultura pecaminosa a través del mensaje del Evangelio
   E. Intervino en las brutales tradiciones
      1. Matar gemelos
      2. Matar esposas cuando murió su esposo
      3. Matar a muchas tribus y mujeres cuando el jefe murió
      4. Probando la inocencia o culpa de la gente dándoles veneno mortal o quemándolos con aceite caliente
   F. Incluyó a su familia adoptiva en el trabajo del ministerio
   G. Se vio a sí misma como una pionera del Evangelio y reconoció la necesidad del liderazgo masculino para que se inicie una iglesia

VIII. **Limitaciones del Ministerio**
   A. Ella era una mujer y carecía de la capacidad bíblica para establecer iglesias mientras cosechaba frutos espirituales del Evangelio
   B. Ella era conocida por predicar, y surgieron preguntas sobre su papel bíblico

IX. **Resultados del Ministerio**
   A. Muchos niños, mujeres y hombres fueron rescatados de la muerte física debido a que el culto satánico y las tradiciones se enfrentaron a las buenas nuevas del Evangelio

B. Se produjo una calma <u>social</u> al negociar resoluciones pacíficas para los diputados tribales

C. Algunas <u>iglesias</u> se produjeron cuando los creyentes se unieron después de su testimonio del Evangelio

LECCIONES PARA APRENDER

♦ Un estudio diligente de la lengua materna es clave para un ministerio afectivo
♦ Las mujeres misioneras pueden ser muy utilizadas por Dios
♦ Ayudar a los necesitados puede abrir puertas para el ministerio
♦ El coraje para enfrentar el peligro y la comodidad en tiempos de dificultad se encuentran en Dios y Su Palabra
♦ Vivir con y como los nacionales ayuda a construir relaciones
♦ Incluir a los nacionales en el trabajo del ministerio asegura la continuación del ministerio cuando el misionero es limitado

REFERENCIAS

1. Morrison, J. H. "Mary Slessor of Calabar," The Missionary Heroes of Africa, George H. Doran Co, 1922, copied by WholesomeWords.org, accedido Julio 20, 2018, https://www.wholesomewords.org/missions/bioslessor13.html.

2. Myers Harrison, "Mary Slessor, White Queen of Calabar," Blazing the Missionary Trail, Scripture Press Book Division, 1949, copied by WholesomeWords.org, accedido Julio 13, 2018, https://www.wholesomewords.org/missions/bioslessor2.html.

3. Graves, Dan MSL, "Mary Slessor Tried to Transform Nigeria," Christianity.com, publicado Abril 28, 2010, https://www.christianity.com/church/church-history/timeline/1901-2000/mary-slessor-tried-to-transform-nigeria-11630706.html.

4. Miller, Basil. "Mary Slessor, Heroine of Calabar," Ten Girls Who Became Famous, edited by TruthfulWords.org, accedido Julio 13, 2018, https://www.truthfulwords.org/biography/slessortw.html.

5. Imagen de Mary Slessor, WholesomeWords.org, accedido Julio 13, 2018. https://www.wholesomewords.org/missions/bioslessor2.html.

Charles Thomas Studd
(1860-1931)
China, India, África

"Algunos desean vivir dentro del sonido de la campana de una iglesia o capilla, quiero dirigir una tienda de rescate a un metro del infierno."

"Si Jesucristo es Dios y muere por mí, entonces ningún sacrificio puede ser demasiado grande para mí para él."

"¿Qué vale toda la fama y la adulación ... cuando un hombre viene a enfrentar la eternidad?"

I. **Historia Personal**
  A. País de nacimiento - Wiltshire, Inglaterra
  B. Familia
    1. Nació en una familia rica
      a. Su padre se retiró de plantador de yute y añil en la India
      b. Su padre se convirtió en 1877 a través del ministerio de D.L. Moody mientras sus hijos asistían a Eton College
    2. Se casó con Priscilla Steward en 1888
      a. Conoció a Priscilla en China
      b. Priscilla era una misionera soltera de Irlanda
      c. Tuvieron 4 hijos, todas hijas
      d. Priscilla murió en África, en 1929
  C. Educación/Comercio
    1. Estudió y jugó cricket en Eton College
    2. Estudió en el Trinity College en Cambridge

II.   **Afiliación del Ministerio**
   A.   The <u>China</u> <u>Inland</u> Mission (La Misión Interior de China)
   B.   Fue parte de The <u>Cambridge</u> <u>Seven</u> (Los Siete de Cambridge) y el Movimiento de Voluntarios de Estudiantes
        *The Cambridge Seven (Los Siete de Cambridge) viajaron promoviendo el ministerio de la misión antes de partir hacia el campo misionero
        *Su elección de servir a Dios ayudó a iniciar el Movimiento de Voluntarios de Estudiantes en varias universidades de Edimburgo, Londres, Oxford y Cambridge
   C.   The <u>Heart</u> of <u>Africa</u> (La Misión del Corazón de África)
        *Él estableció esta misión

III.   **Experiencia y Entrenamiento del Ministerio**
   A.   <u>Viajó</u> por toda Inglaterra como parte de *The Cambridge Seven* (*Los Siete de Cambridge*) predicando y promocionado la *Misión Interior de China*

IV.   **Llamado del Ministerio**
   A.   Él <u>aceptó</u> a Jesucristo como su Salvador personal en 1878 después de que un predicador visitante lo desafió espiritualmente
   B.   Aunque fue salvo en 1878, no se volvió activo en su nuevo Cristianismo al compartirlo con otros y comenzó a <u>retroceder</u>
   C.   Fue a escuchar a D.L. <u>Moody</u> predicando en 1883, y Dios removió su corazón por sus propias necesidades espirituales y las de los demás
   D.   Su hermano George <u>enfermó</u> gravemente y una vez más consideró el verdadero valor de las cosas terrenales a la luz de la eternidad en 1884
   E.   Después de enterarse de las necesidades en <u>China</u>, se comprometió a ir y ayudar con la Misión Interior de China
        *Su familia y amigos intentaron desalentarlo del ministerio de la misión pero mantuvo su enfoque, creyendo que era la voluntad de Dios para su vida

V.   **Ubicación del Ministerio**
   A.   Grupo de Personas: <u>Chinos</u>, <u>Indios</u> de habla inglés, <u>Africanos</u>
   B.   Fecha
        1.   China - 1885-1894 (9 años)
        2.   India - 1900-1906 (6 años)
        3.   África - 1910-1931 (21 años)

VI. **Viajes y Obra del Ministerio**

A. Viajó a <u>China</u> con *The China Inland Mission* (*La Misión Interior de China*) en 1885

    1. Trabajó con Hudson <u>Taylor</u> mientras estaba en China

        a. Aceptó el estilo nacional de vestir, comer, y vivir en China

        b. Estudió diligentemente el idioma chino

    2. Mientras estaba en China, cumplió 25 años y era elegible para recibir la <u>herencia</u> de su padre, pero decidió regalarla

        a. Le dio algo al ministerio de huérfanos de George Muller

        b. Le dio algunos a D.L. Moody

        c. Le dio un poco a su futura esposa quien a su vez se regaló todo

    3. Se <u>enfermó</u> y necesitaba regresar a Inglaterra en 1894

B. Regresó a <u>Inglaterra</u> con problemas de salud en 1894

    1. Viajó durante 6 años por Inglaterra y los Estados Unidos en <u>representando</u> de la MVE

C. Viajó a la <u>India</u> en 1900

    1. Trabajó en Otacamund, India en una <u>iglesia</u> de habla inglés

    2. Él una vez más luchó con su <u>salud</u>

D. Regresó a <u>Inglaterra</u> en 1906

E. Viajó a <u>África</u> en 1910

    1. Su salud no era buena, y su esposa, doctores y otros se <u>opusieron</u> a su viaje, pero dejó a su familia (esposa y 4 hijas) en Inglaterra

        a. Su esposa continuó <u>apoyando</u> su trabajo desde el hogar al ser parte de la organización de la misión

        b. Su esposa viajó a África en 1928 para una breve <u>visita</u> con su esposo, pero <u>murió</u> en 1929

    2. Él estableció *The Heart of <u>Africa</u>* (*La Misión del Corazón de África*) en 1911

    3. Empezó a trabajar en <u>Ibambi</u> y estableció varias estaciones de misión desde esa ubicación

    4. Comenzó a trabajar en el <u>Bélgica</u>, Congo, en 1913, con Alfred Bexton, su futuro yerno

        *Trabajó en Bélgica por 18 años

    5. <u>Murió</u> en Ibambi, África, en 1931

VII. **Estilo/Filosofía del Ministerio**

A. Renunció a toda su <u>riqueza</u> humana y creyó que necesitaba vivir por fe

B. Reconoció continuamente la <u>necesidad</u> espiritual de aquellos que nunca habían escuchado el Evangelio

C. Viajaba a diferentes <u>países</u> para ministrar según la dirección de Dios Fue bien recibido y frecuentemente enseñó en el hogar del <u>jefe</u> indio

VIII. **Limitaciones del Ministerio**

A. Era conocido por ser un hombre <u>duro</u> que experimentó conflictos con su familia, compañeros de trabajo, y ciudadanos, pero que se mantuvo fiel a la dirección de Dios

IX. **Resultados del Ministerio**

A. Su elección de ser misionero impactó a <u>Inglaterra</u> porque renunció a su fama en deportes y fortuna en herencia

B. Ayudó a establecer el *Movimiento de Voluntarios de Estudiantes* que ministro en compases universitarios durante muchos años

C. *La Misión del Corazón de África* (conocida hoy como *Evangelización Mundial por Cristo*) <u>floreció</u> bajo el ministerio de Alfred Bexton y continúa su trabajo hoy

LECCIONES PARA APRENDER

♦ El ministerio de predicación de un pastor visitante puede hacer una diferencia espiritual

♦ Un misionero no debe depender de los bienes terrenales, sino de Dios mismo

♦ Parte de un ministerio de misioneros es predicar a otros creyentes para desafiarlos a servir a Dios

♦ La edad universitaria, los adultos jóvenes, que están dedicados a Dios, se pueden utilizar en gran medida para hacer una diferencia en su país

REFERENCIAS

1. "C. T. Studd, 1862-1931: All for Christ," Heath Christian Book Shop Charitable Trust, Truthfulwards.org, accedido Julio 13, 2018, https://www.truthfulwords.org/biography/studdtw.html.

2. Graves, Dan MSL. "C. T. Studd Gave Huge Inheritance Away," Christianity.com, publicado Abril 28, 2010, https://www.christianity.com/church/church-history/timeline/1801-1900/c-t-studd-gave-huge-inheritance-away-11630616.html.

3. Ross, Stephen, "Charles Thomas (C.T.) Studd," WholesomeWords.org, accedido Julio 13, 2018, https://www.wholesomewords.org/missions/biostudd.html.

4. Bonk, Jonathan J. "Studd, C[harles] T[homas] (1860-1931)," Biographical Dictionary of Christian Missions, 1998, reimpreso por la School of Theology, History of Missiology, accedido Julio 13, 2018, http://www.bu.edu/missiology/missionary-biography/r-s/studd-charles-thomas-1860-1931/.

5. Imagen de "CTStudd," *School of Theology, History of Missiology*, accedido julio 13, 2018 http://www.bu.edu/missiology/missionary-biography/r-s/studd-charles-thomas-1860-1931/.

Amy Beatrice Carmichael
(1867-1951)
Japón

I. **Historia Personal**
   A. País de nacimiento - Belfast, Irlanda
   B. Familia
      1. Ella nació en una familia rica y Cristiana
      2. Su padre murió cuando ella estaba joven y ella vivió con la familia Wilson
      3. Ella específicamente decidió no casarse ni tener hijos propios para poder servir a Dios y atender las necesidades de los niños en la India
   C. Educación/Comercio
      1. Asistió a un internado Metodista Wesleyano
      2. Después de la muerte de su padre, pasó 10 años ayudando a su madre a cuidar a su familia por trabajar

II. **Afiliación del Ministerio**
   A. Sociedad Misionera de la Iglesia Keswick - 1893-1894
   B. Iglesia de Inglaterra Sociedad Misionera de Zenana - 1895-1925
   C. Dohnavur Fellowship (Beca Dohnavur) - 1925-1931

III. **Experiencia y Entrenamiento del Ministerio**
   A. Trabajó con los pobres en Belfast, incluso viviendo con ellos y ayudándolos a construir una nueva iglesia

IV. **Llamado del Ministerio**
   A.   Ella fue <u>influenciada</u> por The Keswick Conventions (*Las Convenciones de Keswick*) y *The Holiness Movement* (*El Movimiento de Santidad*)
   B.   Ella se postuló a *The China Inland Mission* (*La Misión Interior de China*) en 1893, pero fue <u>rechazada</u> debido a la mala salud
   C.   Cuando era adolescente vio a otros miembros de la iglesia ser <u>indiferentes</u> a los pobres y necesitados y Dios usó esas ocasiones para cargarla con la necesidad de llegar a los necesitados con el Evangelio

V.   **Ubicación del Ministerio**
   A.   Grupo de Personas - Mujeres y Niños <u>Indios</u>
   B.   Fecha - <u>1895-1951</u> (56 años)

VI. **Viajes y Obra del Ministerio**
   A.   Viajó a <u>Japón</u> en 1893 como misionera de Keswick con la *Church Missionary Society (Sociedad Misionera de la Iglesia)*
       1.   Fue la <u>primera</u> misionera de Keswick en unirse al CMS
       2.   Mientras estaba en Japón, se <u>vistió</u> como ciudadana y trabajó para aprender Japonés
       3.   Escribió <u>cartas</u> a casa que se convirtieron en su primer libro titulado *"From Sunrise Land"* (*"De la Tierra del Amanecer"*)
   B.   Regresó a <u>Inglaterra</u> en 1894
   C.   Viajó al sur de la <u>India</u> como misionera de la Iglesia de Inglaterra, *Zenana Missionary Society* (*La Sociedad Misionera Zenana*) en 1895
       1.   Trabajó con el misionero Thomas <u>Walker</u> después de llegar a la India
       2.   Mientras estudiaba el <u>idioma</u>, comenzó un ministerio itinerante con un grupo de mujeres indias Cristianas
       3.   Ella, los caminantes y sus compañeros de trabajo indios se mudaron a <u>Dohnavur</u> en 1901
           a.   Continuó su ministerio de <u>viajar</u> y hablar en las áreas circundantes
           b.   Prestó atención especial a la práctica de dar a <u>niños</u> a los templos paganos para que se criaran en la maldad y la prostitución, y comenzó a rescatar a los que podía salvar en Tinnevelly

    c.   Comenzó a <u>escribir</u> sobre sus experiencias y las necesidades de las indígenas que generaron interés y apoyo para su ministerio *Ella no solicitó fondos, pero Dios los proporcionó a través de otros aprendiendo acerca de su ministerio a través de su escritura

    d.   Se <u>separó</u> de *La Sociedad Misionera Zenana* de la Iglesia de Inglaterra en 1925 y <u>estableció</u> *The Dohnavur Fellowship* (*La Confraternidad Dohnavur*), una misión basada en la fe, que específicamente llegó a los niños y mujeres jóvenes en peligro y necesidad

    e.   <u>Cayó</u>, lo que afectó su movilidad, por lo que comenzó a delegar liderazgo y continuó escribiendo en 1931

    f.   <u>Murió</u> y fue enterrada en Dohnavur, India, en 1951

VII. Estilo/Filosofía del Ministerio

    A.   Ella trabajó diligentemente para aprender las <u>lenguas</u> nativas y aclimatarse a sí misma con la cultura nativa

    B.   Ella estaba dedicada a su vida <u>devocional</u> personal, leyendo las Escrituras y la poesía

    C.   Ella <u>habló</u> a propósito en público con el objetivo de proclamar el Evangelio

    D.   Ella trabajó diligentemente para salvar a <u>niños</u> y a <u>mujeres</u> en peligro

    E.   Ella escribió acerca de <u>40</u> libros para compartir con otros sus experiencias personales, el testimonio de aquellos a quienes ella ministraba, y aquellos que aún necesitaban

    F.   Estableció *The <u>Dohnavur</u> Fellowship* (*La Confraternidad Dohnavur*) para organizar un ministerio continuo para los niños y las mujeres

VIII. Limitaciones del Ministerio

    A.   Ella trabajó con y fue <u>financiada</u> por la Iglesia de Inglaterra para la mayoría de su ministerio

    B.   Ella era una mujer que a menudo <u>predicaba</u> en público debido a la falta de liderazgo masculino

IX. **Resultados del Ministerio**

A. Ella <u>salvó</u> las vidas de muchas mujeres y niños mientras compartía las buenas nuevas del Evangelio con aquellos a quienes rescató y muchos otros

B. La *Dohnavur Fellowship* (*Confraternidad Dohnavur*) continúa su ministerio a niños y mujeres actualmente

Lecciones para Aprender

♦ Dios puede hacer que algunos hombres y mujeres permanezcan solteros para que puedan cumplir un ministerio específico

♦ Un misionero debe ministrar en su tierra natal antes de que se espera que ministre en un país extranjero

♦ Dios se preocupa por los niños y las mujeres que sufren abusos y necesitan la salvación física y espiritual

♦ Un misionero debe ser diligente en sus devocionales personales para que tenga la sabiduría espiritual y el valor para ministrar

♦ El testimonio de un misionero en forma escrita puede ser usado por Dios para motivar a otros a servirlo en las misiones

Referencias

1. "Amy Carmichael Helped the Helpless," Christianity.com, publicado Julio 16, 2010, https://www.christianity.com/church/church-history/church-history-for-kids/amy-carmichael-helped-the-helpless-11634859.html.

2. Murray, Jocelyn. "Carmichael, Amy Beatrice (1867-1951),Biographical Dictionary of Christian Missions, 1998, reimpreso por la School of Theology, History of Missiology, accedido Julio 13, 2018, http://www.bu.edu/missiology/missionary-biography/c-d/carmichael-amy-beatrice-1867-1951/.

3. While Lisa Beth. "'Ammai' of orphans and holiness auther," School of Theology, History of Missiology, accedido Julio 13, 2018, http://www.bu.edu/missiology/missionary-biography/c-d/carmichael-amy-beatrice-1867-1951/.

4. Imagen de "Amy Carmichael," *School of Theology, History of Missiology*, http://www.bu.edu/missiology/missionary-biography/c-d/carmichael-amy-beatrice-1867-1951/

ERIC LIDDELL
(1902-1945)
CHINA

"El secreto de mi éxito en los 400 metros
es que corro los primeros 200 metros lo más rápido que puedo.
Luego, durante los segundos 200 metros,
con la ayuda de Dios, corro más rápido."

I. **Historia Personal**
  A. País de nacimiento - Tientsin, norte de <u>China</u>
      *Era de ascendencia Escocesa
  B. Familia
      1. Nació en una familia <u>misionera</u> mientras servían en el norte de China, con la London Missionary Society (*Sociedad Misionera de Londres*)
      2. Se casó con <u>Florence</u> Mackenzie en 1934
          a. Florence fue una misionera <u>soltera</u> en China de Canadá
          b. Tuvieron <u>3</u> hijas, Patricia, Heather y Maureen
              *Maureen nunca fue vista por su padre debido a su encarcelamiento y muerte
          c. En 1941 Florence, embarazada, salió de China hacia <u>Canadá</u> con sus dos hijas mayores debido al peligro de los militares japoneses

C. Educación/Comercio
   1. Asistió a <u>Eltham</u> College, un internado para niños misioneros, de 1908 a 1920
   2. Asistió a la Universidad de <u>Edimburgo</u> de 1920 a 1924, estudiando ciencias
      *Durante sus años universitarios, se hizo famoso por sus habilidades atléticas, incluido el rugby y la carrera
   3. Ganó el metal de <u>oro</u> en los Juegos Olímpicos de 1924, en París, para la carrera de 400 metros
      a. Estaba programado para correr la carrera de los 100 metros pero se retiró de la carrera porque las finales estaban programadas para el domingo, y su decisión de colocar a Dios primero molestó a gran parte de Escocia
      b. El domingo de la carrera de los 100 metros, predicó en la iglesia escocesa de París
      c. Justo antes de la carrera de 400 metros, un entrenador le dio una nota con I Samuel 2:30 incluido y lo que le animó a ser fiel

II. **Afiliación del Ministerio**
   A. <u>Protestante</u>
   B. The <u>London</u> Missionary Society (Sociedad Misionera de Londres)

III. **Experiencia y Entrenamiento del Ministerio**
   A. Fue <u>criado</u> en el campo misionero como un niño misionero

IV. **Llamado del Ministerio**
   A. Su <u>familia</u> misionera y su <u>fidelidad</u> personal a Dios hicieron que su elección de volver a China fuera natural, aunque enfrentara oposición por parte de otros en Escocia debido a sus habilidades deportivas y fama

V. **Ubicación del Ministerio**
   A. Grupo de Personas - Los <u>Chinos</u>
   B. Fecha - <u>1925-1943</u> (18 años)

VI. **Viajes y Obra del Ministerio**
  A. Viajó a Tientsin, <u>China</u> en 1925
     *Tientsin era la ciudad donde nació y se crió
     1. Trabajó en la <u>escuela</u>
  B. Regresó a <u>Escocia</u> por un breve permiso en 1932
     1. Fue <u>ordenado</u> durante este permiso
  C. Viajó a <u>China</u> en 1932
     1. Continuó sus enseñanzas en Tientsin y se convirtió en un <u>evangelista</u> de aldea a lo largo de Siao Chang
        *Debido al peligro, su esposa e hijas no viajaron con él durante estos viajes
     2. Se casó con <u>Florence</u> Mackenzie en 1934
     3. Se mudó par trabajar con su hermano <u>Rob</u>, en Siaochang, China debido a la ocupación Japonesa
        *Los hermanos trabajaron juntos brindando ayuda para el pueblo chino y cruzando las líneas militares japonesas
     4. Florence, embarazada, regresó a <u>Canadá</u> con sus dos hijas debido al control japonés en China, y el gobierno de Inglaterra que aconsejaba a los ciudadanos británicos que se fueran por su propia seguridad en 1941
     5. Volvió a trabajar en <u>Tientsin</u> en 1941 debido al avance de los japoneses
     6. Fue encarcelado en un campo de <u>internamiento</u>, en Weihsien, en 1943
        a. Mientras estuvo en el campamento, continuó enseñando, <u>predicando</u>, y organizando actividades deportivas
        b. Él <u>documentó</u> la historia de su vida durante este tiempo y después de su muerte, el libro *The Disciplines of the Christian Life* (*Las Disciplinas de la Vida Cristiana*) fue escrito en base a sus notas
        c. Se le dio la oportunidad de abandonar el campamento pero <u>permitió</u> que una mujer embarazada tomara su lugar
        d. Tuvo una <u>apoplejía</u> y <u>murió</u> de un tumor cerebral en 1945
           *Murió solamente 5 meses antes de que la guerra terminara
        e. Fue <u>enterrado</u> en el campo de internamiento con solamente una pequeña cruz de madera, y en 1991 la Universidad de Edimburgo construyó una piedra conmemorativa de granito Mull a su paso

VII. **Estilo/Filosofía del Ministerio**
   A. Como era un niño misionero, hablaba el <u>idioma</u> chino perfectamente
   B. Usó su salón de clases, deportes, y conocimiento de las Escrituras para llegar a <u>niños</u> y a <u>adultos</u>
   C. Mientras estaba en prisión, no se <u>desesperaba</u>; sino organizó clases, eventos deportivos, y estudios bíblicos para ayudar a sus compañeros de prisión

VIII. **Limitaciones del Ministerio**
   A. <u>Murió</u> a una edad temprana

IX. **Resultados del Ministerio**
   A. Su <u>testimonio</u> de no jugar deportes el domingo y luego ganar el metal de oro en la carrera de 400 metros ayudó a revelar la fidelidad de Dios a aquellos que lo obedecen
      *En 2002 fue designado como el atleta más conocido de Escocia
   B. Su <u>documentación</u> personal de la historia de su vida fue organizada y publicada en *The Disciplines of the Christian Life* (*Las Disciplinas de la Vida Cristiana*) y actualmente se encuentra impresa
   C. La <u>película</u> *Chariots of Fire* (*Carros de Fuego*) se ha visto en todo el mundo como testimonio de sus habilidades humanas y dedicación espiritual a Dios

LECCIONES PARA APRENDER

♦ Los niños misioneros deben criarse para servir a Dios y cuidar a los nacionales
♦ El llamado de Dios al ministerio es más importante que la habilidad humana o la fama
♦ Dios bendice a quienes lo obedecen

REFERENCIAS

1. "Eric Liddell Biography," Biographyonline.net, última actualización Febrero 9, 2018, https://www.biographyonline.net/sport/athletics/eric-liddell.html.
2. "Eric Liddell," BBC, accedido Julio 13, 2018, http://www.bbc.co.uk/scotland/sportscotland/asportingnation/article/0019/print.shtml.

3.　　"The Life of Eric Liddell," Truth For Life, last modified enero 5, 2015, http://blog.truthforlife.org/eric-liddell-olympic-athlete-and-missionary.

4.　　Puttman, David. "A Short Biography of Eric H. Liddell (1902-1945)," Eric Liddell Centre, accedido Julio 13, 2018, https://www.ericliddell.org/about-us/eric-liddell/biography/.

5.　　"Eric Liddell: Greater than Gold," Christianity.com, publicado Julio 16, 2010, https://www.christianity.com/church/eric-liddell-greater-than-gold-11634861.html.

6.　　Imagen de Eric Liddell, Christianity.com, accedido Julio 13, 2018, https://www.christianity.com/church/eric-liddell-greater-than-gold-11634861.html.

Jim Elliot
(1927-1956)
Ecuador

"Los machos domesticados no son de mucha utilidad para la aventura."

"Todavía no hay fruta. ¿Por qué soy tan improductivo?
No recuerdo haber llevado a más de uno o dos al reino.
Seguramente esta no es la manifestación del poder de la Resurrección.
Me siento como Rachel, 'Dame hijos, o si no, me muero'."

"Nada de eso llega a ser 'cosas viejas' porque es Cristo impreso,
la Palabra Viviente.
No pensaríamos en levantarnos por la mañana sin lavarse la cara,
pero a menudo descuidamos la limpieza purgativa de la Palabra del Señor.
Nos despierta a nuestra responsabilidad."

I. **Historia Personal**
   A. País de nacimiento - Portland, Oregon, <u>Estados</u> <u>Unidos</u> de <u>América</u>
   B. Familia
      1. Nació en una familia <u>pastoral</u>
      2. Se casó con <u>Elizabeth</u> Howard en 1953
         a. Se conocieron en la <u>universidad</u> pero él no creía que fuera mejor para él casarse basándose en su dedicación para servir a Dios en un área remota de Sudamérica, pero mantuvieron una amistad

  b. Ella se mudó a Quito, <u>Ecuador</u> en 1952

  c. Fueron comprometidos en enero, 1953, el día del <u>21º</u> cumpleaños de Elizabeth

  d. Se casaron en octubre, 1953, el <u>26º</u> cumpleaños de Jim

  e. Tuvieron una hija, <u>Valerie</u>, en 1955

 C. Educación/Comercio

  1. Ingresó a la Escuela Secundaria <u>Politécnica</u> <u>Benson</u> en 1941
   *Llevó su Biblia a la escuela y habló abiertamente sobre su fe en Jesucristo

  2. Ingresó al <u>Wheaton</u> College en 1945 y participó en oportunidades de ministerio mientras estaba allí
   *Se graduó con un título bíblico con los más altos honores

II. **Afiliación del Ministerio**

 A. <u>Mission</u> <u>Aviation</u> Fellowship (Beca de Misión de Aviación)

III. **Experiencia y Entrenamiento del Ministerio**

 A. Fue criado en el hogar de un <u>pastor</u>

 B. Asistió a Wheaton College con un enfoque de <u>ministerio</u>

 C. Visitó <u>México</u> durante el verano de 1947

 D. Viajaba a <u>Chicago</u> los domingos, mientras asistía a Wheaton para evangelizar, y se desanimaba cuando ganaba poco fruto

 E. Estudió en una escuela de <u>lingüística</u> en Oklahoma en 1950

IV. **Llamada del Ministerio**

 A. Él <u>aceptó</u> a Jesucristo como su Salvador personal cuando era niño y confiaba en su salvación a la edad de 6 años

 B. Estaba intrigado por las historias que visitaban los <u>misioneros</u> y creía que Dios lo estaba guiando para llegar a las personas con el Evangelio que nunca había oído hablar de Jesucristo

 C. Visitó <u>México</u> en 1947 por poco tiempo, y creyó que Dios lo estaba guiando a trabajar en Centroamérica

 D. Conoció a un misionero de los quechuas en <u>Ecuador</u> mientras estaba en la escuela lingüística que Dios usó para dirigir su atención a Ecuador

V. **Ubicación del Ministerio**

 A. Grupo de Personas - <u>Quechuas</u> y <u>Aucas</u> tribus indias de Ecuador

 B. Fecha - <u>1950-1956</u> (6 años)

VI. **Viajes y Obra del Ministerio**
- A. Viajó a Quito, <u>Ecuador</u> desde San Pedro, California en 1952
  1. El viaje tomó <u>18</u> días en barco
  2. Viajó con su compañero de trabajo misionero Peter <u>Fleming</u>
  3. Pasaron su primer año en Quito aprendiendo el <u>español</u>
  4. Se mudaron a <u>Shandia</u>, un pueblo indio quichua para tomar el lugar de un misionero retirado
     - a. <u>Estudiaron</u> el idioma Shandia
     - b. <u>Ministraron</u> durante 3 años para establecer un buen grupo de cristianos fieles
     - c. Oyeron hablar de la tribu <u>Auca</u>, y comenzaron a ser cargados por ellos, aunque se sabía que eran crueles y asesinos
  5. Comenzaron a hacer <u>planes</u> para llegar a la tribu Auca
     - a. El <u>equipo</u> misionero comenzó a trabajar en conjunto para formar ideas para establecer contacto y hacerse amigo de la tribu Auca
       - (1) Jim Eliot
       - (2) Pete Fleming
       - (3) Nate Saint (piloto)
       - (4) Ed McCully
       - (5) Roger Youderian,
     - b. Comenzaron a bajar <u>suministros</u> y <u>regalos</u> a las personas Aucas de su llanura y esperaron una respuesta favorable
     - c. Después de encontrar una playa pequeña, <u>aterrizaron</u> el avión y se quedaron por unos días para ponerse en contacto con la gente Auca
     - d. Su primer contacto fue con 1 <u>hombre</u> y 2 <u>mujeres</u> que comieron con ellos, pero tuvieron una comunicación limitada debido a las barreras del idioma
     - e. Volvieron por segunda vez, pero esta vez la tribu atacó y <u>mató</u> a los 5 misioneros el 8 de enero de 1956
       *Uno de los hombres tribales con el nombre de George mintió a la tribu sobre los misioneros, y es por eso que los atacaron
       *Aunque Jim tenía un arma y podía haberse protegido, él y los otros misioneros eligieron no matar a uno Auca no salvado para salvar sus propias vidas

       f.   En <u>2</u> años la tribu había sido alcanzada con el Evangelio y se había vuelto tan pacífica que Elizabeth y Valerie Elliot, y Rachel Saint (la hermana de Nate Saint) se mudaron para vivir con la tribu, y continuaron compartiendo el evangelio con ellos

VII.   Estilo/Filosofía del Ministerio

A.   Él tenía una pasión para compartir el <u>Evangelio</u> con aquellos que aún no habían escuchado

B.   <u>Su</u> plan: "Dios acaba de darme <u>fe</u> para pedirle a otro joven que se vaya, tal vez no este otoño, pero pronto, para unirse a las filas en las tierras bajas del este de Ecuador. Allí debemos aprender: 1) español y quichua, 2) el uno al otro, 3) la jungla e independencia, y 4) Dios y la forma en que Dios se acerca al altiplano quichua. Desde allí, por su gran mano, debemos movernos a la sierra ecuatoriana con varios indios jóvenes cada uno, y comenzar a trabajar entre los 800,000 montañeses. Si Dios tarda, los nativos deben aprender a extenderse hacia el sur con el mensaje del Cristo reinante, estableciendo grupos del Nuevo Testamento a medida que avanzan. Desde allí, la Palabra debe ir al sur hacia Perú y Bolivia. ¡Los quechuas deben ser alcanzados por Dios! Suficiente para la política. Ahora para la oración y la práctica."

C.   Uso <u>radios</u> para informar los Estados Unidos de su ministerio y circunstancias

VIII.   Limitaciones del Ministerio

A.   Tomó menos <u>precaución</u> que le habían aconsejado

IX.   Resultados del Ministerio

A.   La gente Auca ha sido alcanzada con el <u>Evangelio</u>
      *La familia de Nate Saint aún vive entre la gente Auca

B.   Los creyentes de todo el mundo se <u>inspiraron</u> para servir a Dios como misioneros porque fueron actualizados acerca de su ministerio a través de la radio y el sacrificio hecho por Jim y su equipo

C.   Elizabeth escribió un <u>libro</u> usando los diarios de Jim titulados *Through Gates of Splendor* (*A Través de Puertas de Esplendor*)

D.   <u>Elizabeth</u> Eliot tenía un ministerio de redacción y habla que ha impactado vidas en todo Estados Unidos y en todo el mundo

Lecciones para Aprender

♦ Dios puede llamar a los misioneros a sacrificar su vida física para que otros puedan tener vida espiritual

♦ La muerte de un misionero puede ser lo que Dios usa para llamar a más misioneros en su lugar

♦ Un misionero debe ser sensible a las necesidades espirituales de las personas no alcanzadas a su alrededor

♦ Un misionero debe reconocer la necesidad de tomarse el tiempo para construir relaciones con aquellos a quienes está tratando de alcanzar con el Evangelio

♦ Una esposa misionera (viuda) tiene un ministerio tan significativo como su esposo

Referencias

1. "Jim Elliot: Story and Legacy," Christianity.com, publicado Julio 16, 2010, https://www.christianity.com/church/church-history/timeline/1-300/jim-elliot-no-fool-116 34862.html. 7/13/2018

2. Fickas, Tmara. "Jim Elliot Biography," Insperational Christians, accedido Julio 13, 2018, http://www.inspirationalchristians.org/biography/jim-elliot/. 7/13/2018

3. Taylor, Justin. https://www.thegospelcoalition.org/blogs/justin-taylor/they-were-no-fools-60-years-ago-to day-the-martyrdom-of-jim-elliot-and-four-other-missionaries/. 8/2/2018

4. Reese, Ed. "David Brainerd," Christian Hall of Fame, Reese Publications, copied by WholesomeWords.org, accedido Agosto 1, 2018, https://www.wholesomewords.org/missions/biobrainerd.html. 8/11/2018

5. Imagen de "Jim Elliot in Ecuador," *Inspirational Christians*, accedido Julio 13, 2018, http://www.inspirationalchristians.org/biography/jim-elliot

CRONOLOGÍA MISIONERA

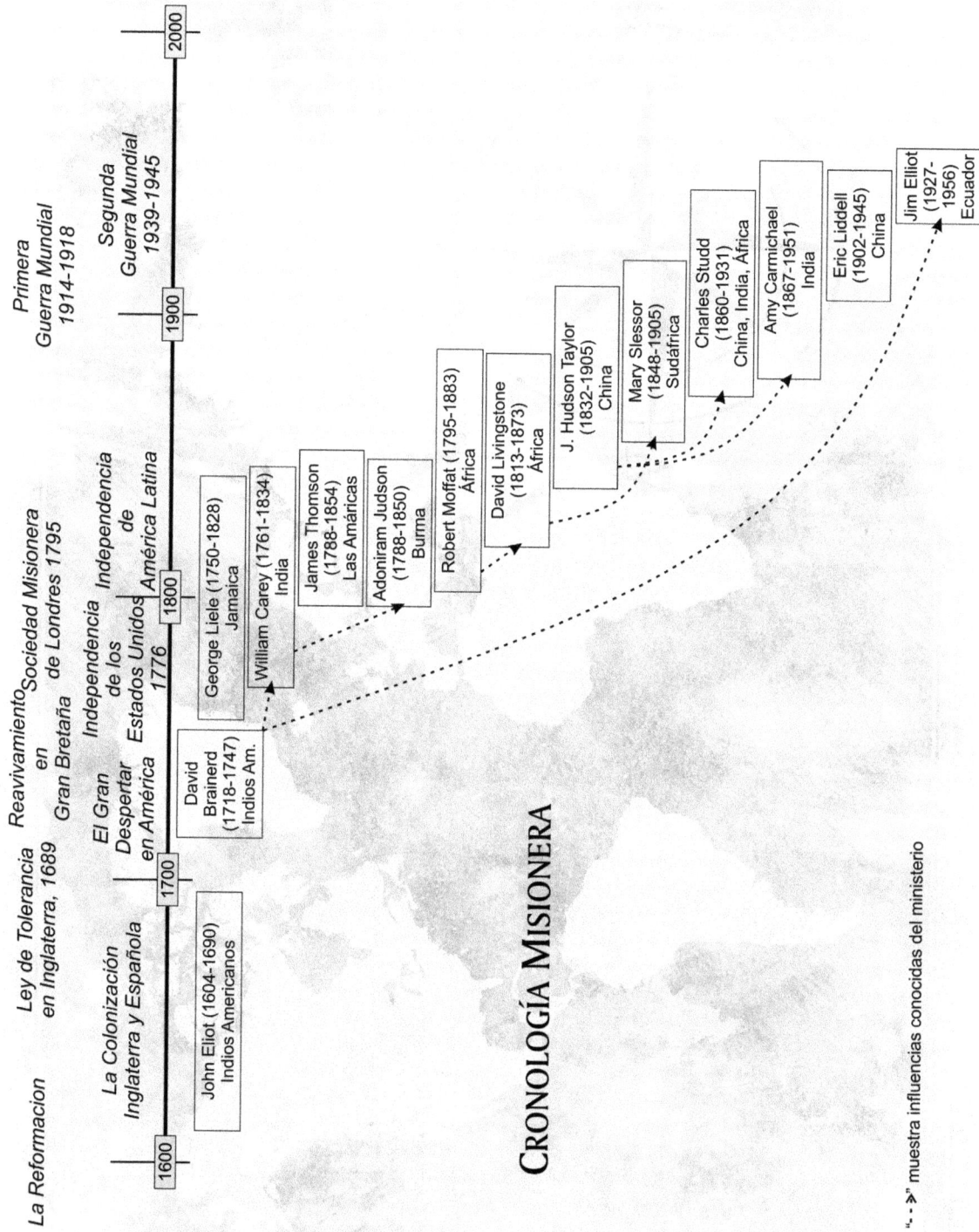

La Reformacion

La Colonización
Inglaterra y Española

Ley de Tolerancia
en Inglaterra, 1689

El Gran
Despertar
en América

Reavivamiento
en
Gran Bretaña

Sociedad Misionera
de Londres 1795

Independencia
de los
Estados Unidos
1776

Independencia
de
América Latina

Primera
Guerra Mundial
1914-1918

Segunda
Guerra Mundial
1939-1945

1600 · 1700 · 1800 · 1900 · 2000

John Eliot (1604-1690)
Indios Americanos

David
Brainerd
(1718-1747)
Indios Am.

George Liele (1750-1828)
Jamaica

William Carey (1761-1834)
India

James Thomson
(1788-1854)
Las Américas

Adoniram Judson
(1788-1850)
Burma

Robert Moffat (1795-1883)
África

David Livingstone
(1813-1873)
África

J. Hudson Taylor
(1832-1905)
China

Mary Slessor
(1848-1905)
Sudáfrica

Charles Studd
(1860-1931)
China, India, África

Amy Carmichael
(1867-1951)
India

Eric Liddell
(1902-1945)
China

Jim Elliot
(1927-1956)
Ecuador

CRONOLOGÍA MISIONERA

* "--->" muestra influencias conocidas del ministerio

Los Viajes Misioneros y su Labor

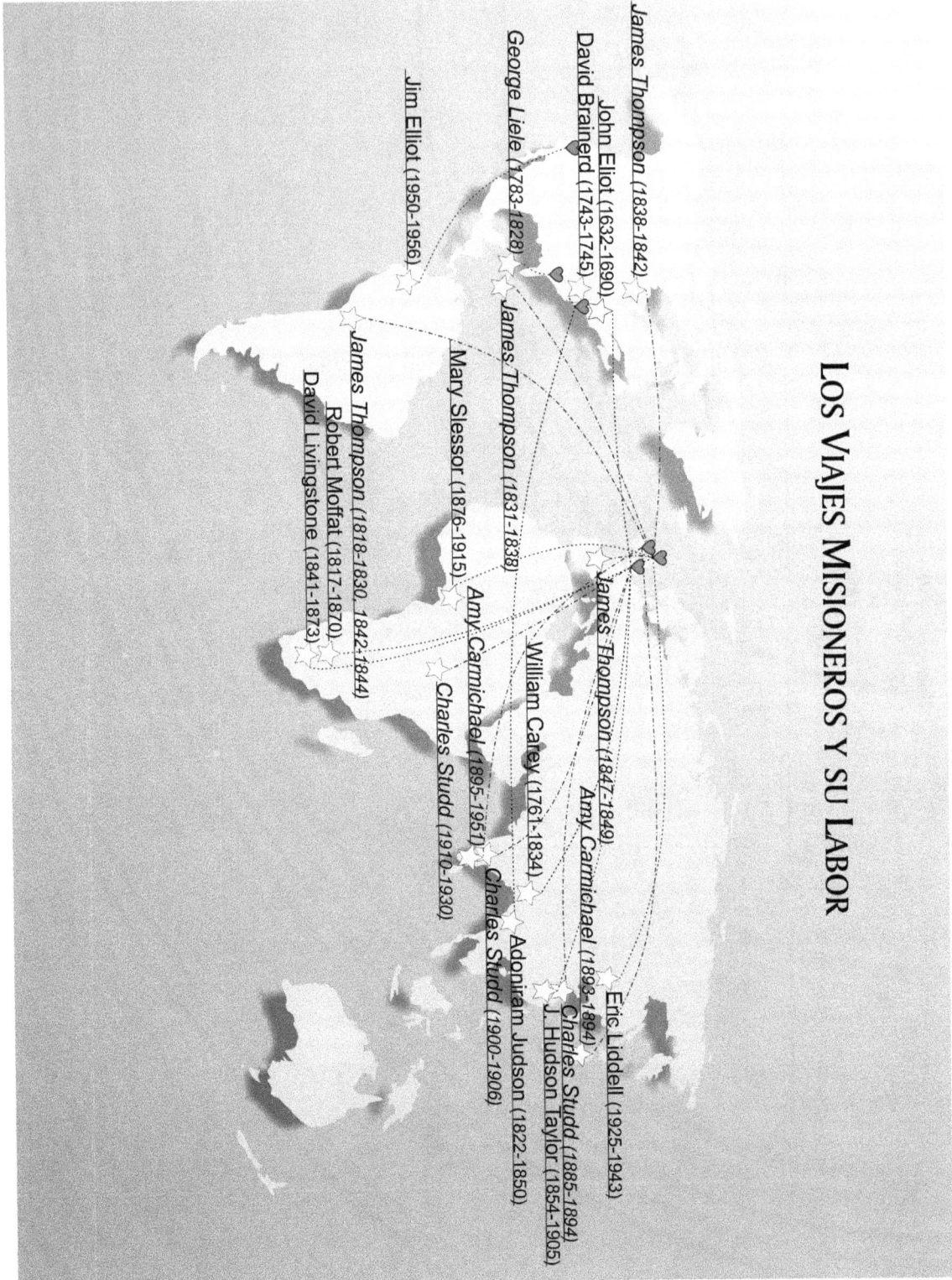

Los Viajes Misioneros y su Labor

James Thompson (1838-1842)
John Eliot (1632-1690)
David Brainerd (1743-1745)
George Liele (1783-1828)
Jim Elliot (1950-1956)
James Thompson (1831-1838)
Mary Slessor (1876-1915)
James Thompson (1818-1830, 1842-1844)
Robert Moffat (1817-1870)
David Livingstone (1841-1873)
Amy Carmichael (1895-1951)
Charles Studd (1910-1930)
William Carey (1761-1834)
Charles Studd (1900-1906)
Adoniram Judson (1822-1850)
James Thompson (1847-1849)
Amy Carmichael (1893-1894)
Charles Studd (1885-1894)
J. Hudson Taylor (1854-1905)
Eric Liddell (1925-1943)

GRÁFICOS MISIONEROS

HISTORIA PERSONAL

Misionero	Año de Nacimiento y Muerte	Vida Familiar Temprana	Vida Familiar Hogareña	Nivel de Educación
John Eliot	1604-1690		Esposa - Hannah Mumford Hijos - 4	Cambridge University
David Brainard	1718-1747	Hijo de agricultores, Religiosos	Soltero	Asistió Yale pero nunca terminó
George Liele	1750-1828	Familia de esclavos	Esposa - Hannah Hijos - 4	
William Carey	1761-1834	Religioso, Hijo de tejedor y maestro	Esposa - Dorothy Plackett, Charlotte Rumohr, Grace Hughes Hijos - 7	Hasta los 12 años
James Thomson	1788-1854	Religioso	Esposa - Mary Morrish Hijos - 2	Entrenamiento Médico, Teología en Glasgow

Misionero	Año de Nacimiento y Muerte	Vida Familiar Temprana	Vida Familiar Hogareña	Nivel de Educación
Adoniram Judson	1788-1850	Hijo de Pastor	Esposa - Ann Haseltine, Sarah Hall Boardman, Emily, Chubbock Hijos - 3	Brown University, Andover Seminary
Robert Moffat	1795-1883	Pobre, Religioso	Esposa - Mary Smith	Asistió a una escuela a la edad de 11 años
David Livingstone	1813-1873	Pobre, Religioso	Esposa - Mary Moffat Hijos - 6	Escuela en Glasgow
J. Husdon Taylor	1832-1905	Padres orantes	Esposa - Maria Dyer, Jennie Faulding Hijos - 8	Médico
Mary Slessor	1848-1915	Pobre, Madre religiosa, Padre borracho	Soltera	Entrenamiento misionero corto
Charles Studd	1860-1931	Rico	Esposa - Priscilla Steward Hijos - 4	Cambridge University
Amy Carmichael	1867-1951	Rico, Religioso	Soltera	

Misionero	Año de Nacimiento y Muerte	Vida Familiar Temprana	Vida Familiar Hogareña	Nivel de Educación
Eric Liddell	1902-1945	Hijo de Misionero	Esposa - Florence Mackenzie Hijos - 3	Eltham College, Edenburgh University
Jim Elliot	1927-1956	Hijo de Pastor	Esposa - Elizabeth Howard Hijos - 1	Wheaton College

HISTORIA DEL MINISTERIO

Misionero	Llamado de Misionero	El Campo de Servicio	La Edad que Llegó al Campo	Los Años de Servicio	El Tipo de Ministerio
John Eliot	El sello de la Colonia de la Bahía de Massachusetts	Indios Americanos	42	1646-1690 (44 años)	Predicar, Enseñar, Comunidades Cristianas
David Brainard	Desde su juventud	Indios Americanos	25	1743-1747 (4 años)	Viajar para predicar
George Liele	Cargado por otros después de la salvación	Esclavos en América y Jamaica	33	1783-1825 (45 años)	Predicar, Plantar una iglesia
William Carey	Leyendo libros, Testimonias misioneras	India	32	1793-1834 (41 años)	Evangelizar, Traducir, Sociedades Misioneras
James Thomson	/////	Centroamérica, Sudamérica, Caribe, Canadá, España	30	1818-1849 (31 años)	Traducir, Distribuir las Biblias, Sociedades Bíblicas
Adoniram Judson	Lectura, Influencias de estudiantes universitarios	Birmania	34	1822-1850 (28 años)	Predicar, Establecer Iglesias, Traducir
Robert Moffat	Reunión misionera	Sudáfrica	22	1817-1870 (53 años)	Explorar, Predicar, Traducir, Escribir

Misionero	Llamado de Misionero	El Campo de Servicio	La Edad que Llegó al Campo	Los Años de Servicio	El Tipo de Ministerio
David Livingstone	Alcanzando, Testimonios misioneros	Sudáfrica	27	1841-1873 (32 años)	Evangelizar, Explorar, Escribir
J. Husdon Taylor	Padres orantes	China	22	1854-1905 (51 años)	Predicar, Explorar, Sociedades Misioneras
Mary Slessor	Comprometido como una niña, Leyendo, Historias misioneras	Sudáfrica	28	1876-1915 (39 años)	Evangelizar, Ministrar a los niños y a las mujeres
Charles Studd	Parte del Cambridge Seven	China, India, África	25	1885-1931 (46 años)	Predicación, Agencia Misionera
Amy Carmichael	Movimiento de Santidad, Indiferencia de otros creyentes	China	26	1893-1931 (38 años)	Evangelizar, Ministrar a los niños y a las mujeres
Eric Liddell	Desde un niño	China	23	1925-1943 (18 años)	Predicar, Enseñar, Rescatar
Jim Elliot	Historias y contactos misioneros	Ecuador	23	1950-1956 (6 años)	Evangelizar, Explorar

www.ingramcontent.com/pod-product-compliance
Lightning Source LLC
Chambersburg PA
CBHW081632040426
42449CB00014B/3271